Dieser Kalender gehört:

Name

Vorname

Straße

Ort

Telefon

Mobiltelefon

E-Mail

Ich bin Organspender*in für Transplantationen

Geburtsdatum

Ort, Datum

Unterschrift

Falls mir etwas zustößt, soll folgende Person benachrichtigt werden:

Name

Adresse

AMNESTY INTERNATIONAL

Redaktion: Karl-Ludwig Heinrich, Salome Schwarz
Umschlaggestaltung: Jan-Ole Schwarz
Redaktionsanschrift: Kalenderredaktion Amnesty, Volkartstr. 76, 80636 München, E-Mail: kalenderredaktion@amnesty-muenchen.de

Bild- und Quellennachweis:

Alle Fotos wurden, soweit nicht eigens angegeben, von Amnesty oder von privat zur Verfügung gestellt.

Die Fest-, Gedenk- und Feiertage der genannten Religionsgemeinschaften sind einschlägigen Seiten im Internet entnommen:

Chinesisch: http://de.wikipedia.org
Jüdisch: https://www.feiertagskalender.ch
Jüdisch: Jom Haschoa https://www.timeanddate.de
Islamisch: http://www.feiertagskalender.ch
Islamisches Neujahr: https://de.wikipedia.org
Hinduistisch: https://www.laenderdaten.info

Porto: www.deutschepost.de, www.post.at, www.post.ch

Produktinformation

Der Umschlag ist mit einer umweltfreundlichen Schutzfolie aus Polyethylen überzogen. Das Papier besteht zu 100 Prozent aus Altpapier und ist mit dem blauen Umweltengel ausgezeichnet.

Gesamtherstellung: Harms Verlag, www.harms-verlag.de

Druck und Bindung: AZ Druck und Datentechnik GmbH, Kempten
ISBN: 978-3-86026-318-1

Die Amnesty-Kalenderredaktion und der Verlag arbeiten ehrenamtlich. Der Erlös wird der Arbeit von Amnesty zur Verfügung gestellt. Von jedem im Buchhandel verkauften Kalender wird eine Spende in Höhe von 0,70 Euro ohne Abzüge an Amnesty International weitergeleitet.

Amnesty International

Termine

Anhang

Liebe Freundinnen und Freunde des Amnesty-Taschenkalenders,

beim Schreiben dieser Zeilen befinde ich mich in der georgischen Hauptstadt Tiflis. Derzeit finden hier große Proteste gegen ein Gesetz zur „Einschränkung von Einflüssen aus dem Ausland" statt, die ich selbst nicht direkt erlebe. Bei einer Weinprobe erzählte mir allerdings ein junger Georgier, wie einer seiner Freunde bei einem der Proteste von Polizeikräften krankenhausreif geprügelt wurde. Dieser Fall ist nur eines von vielen Beispielen für die massive Gewalt, mit der der Staat den Protestierenden hier begegnet.

Georgien ist hier bei weitem keine Ausnahme. Weltweit gehen Staaten schon immer gewaltsam gegen Menschen vor, die ihr Recht auf Versammlung und Meinungsfreiheit in Protesten ausüben. Dabei kommt es vielerorts zu willkürlichen Inhaftierungen, schweren Verletzungen und sogar Tötungen. Auch in Deutschland werden Protest und ziviler Ungehorsam zum Ziel staatlicher Gewalt. 2023 etwa gab es bundesweit Razzien bei Mitgliedern der Klimaprotestbewegung „Letzte Generation" im Rahmen von Ermittlungen unter dem Verdacht der Bildung einer kriminellen Vereinigung.

Als Verfechter*innen der Menschenrechte beobachten wir diese Entwicklungen mit Sorge. Versammlungsfreiheit und freie Meinungsäußerung zählen zu den elementaren Rechten, die es Menschen ermöglichen, ihre Stimme gegen Ungerechtigkeiten zu erheben. Proteste sind dabei eine der ursprünglichsten Formen der Meinungsäußerung für die Zivilbevölkerung. Die Welt befindet sich in einer Phase voller Krisen und Umbrüche. Gerade jetzt sind diese Stimmen besonders wichtig und dürfen nicht zum Verstummen gebracht werden. Deshalb widmen wir den diesjährigen Taschenkalender dem Thema „Protect the Protest". Im thematischen Teil lesen Sie spannende Berichte zu verschiedenen Protestbewegungen der letzten Jahre. Im eigentlichen Kalender sind außerdem Gedenktage zu historischen sowie aktuellen Protestbewegungen zu finden.

Nicht nur die Welt befindet sich im Umbruch, auch in der Redaktion dieses Kalenders finden gerade Transformationen statt. Einige der ehemaligen Redakteur*innen gehen nämlich in den wohlverdienten Ruhestand. Wir bedanken uns für ihre langjährige Arbeit und wünschen ihnen alles Gute.

Salome Schwarz, Mitglied der Kalenderredaktion

Der Druck der öffentlichen Meinung führte vor hundert Jahren zur Befreiung der Sklaven.
Jetzt ist für die Menschen der Zeitpunkt gekommen, darauf zu bestehen, dass die Freiheit des Geistes, der Meinung und der Rede durchgesetzt wird, so wie einst die Fesseln von den Körpern abgestreift wurden.

Peter Benenson, 1921-2005,
britischer Anwalt und Politiker,
Gründer von Amnesty International

Die 30 Artikel der Allgemeinen Erklärung der Menschenrechte der Vereinten Nationen vom 10. 12. 1948 in Kurzfassung

1. Alle Menschen sind frei und gleich an Würde und Rechten geboren.
2. Jeder Mensch hat Anspruch auf die in dieser Erklärung verkündeten Rechte und Freiheiten.
3. Jeder Mensch hat das Recht auf Leben, Freiheit und Sicherheit der Person.
4. Sklaverei und Sklavenhandel sind in allen Formen verboten.
5. Niemand darf der Folter oder erniedrigender Behandlung unterworfen werden.
6. Jeder Mensch hat überall Anspruch auf Anerkennung als Rechtsperson.
7. Alle Menschen sind vor dem Gesetz gleich.
8. Jeder Mensch hat Anspruch auf wirksamen Rechtsschutz.
9. Niemand darf willkürlich festgenommen oder des Landes verwiesen werden.
10. Jeder Mensch hat Anspruch auf ein Verfahren vor einem unabhängigen Gericht.
11. Jeder Mensch ist so lange als unschuldig anzusehen, bis seine Schuld gemäß dem Gesetz nachgewiesen ist.
12. Niemand darf willkürlichen Eingriffen in sein Privatleben oder Angriffen auf seine Ehre ausgesetzt werden.
13. Jeder Mensch hat das Recht auf Freizügigkeit.
14. Jeder Mensch hat das Recht auf Asyl.
15. Jeder Mensch hat Anspruch auf eine Staatsangehörigkeit.

16. Jeder Mensch hat das Recht, eine Ehe zu schließen und eine Familie zu gründen.
17. Jeder Mensch hat ein Recht auf Eigentum.
18. Jeder Mensch hat Anspruch auf Gedanken-, Gewissens- und Religionsfreiheit.
19. Jeder Mensch hat das Recht auf freie Meinungsäußerung.
20. Jeder Mensch hat das Recht auf Versammlungs- und Vereinigungsfreiheit.
21. Der Wille des Volkes bildet die Grundlage für die Autorität der öffentlichen Gewalt; dieser Wille kommt durch freie Wahlen zum Ausdruck.
22. Jeder Mensch hat als Mitglied der Gesellschaft Recht auf soziale Sicherheit.
23. Jeder Mensch hat ein Recht auf Arbeit, auf freie Berufswahl sowie auf Schutz gegen Arbeitslosigkeit.
24. Jeder Mensch hat Anspruch auf Erholung und Freizeit.
25. Jeder Mensch hat Anspruch auf eine Lebenshaltung, die Gesundheit und Wohlbefinden gewährleistet.
26. Jeder Mensch hat das Recht auf Bildung, Erziehung und Unterricht.
27. Jeder Mensch hat das Recht, am kulturellen Leben frei teilzunehmen.
28. Jeder Mensch hat Anspruch auf eine soziale und internationale Ordnung, in der die Grundrechte voll verwirklicht werden können.
29. Jeder Mensch hat Pflichten gegenüber der Gemeinschaft.
30. Keine Bestimmung dieser Erklärung darf gegen ihren Sinn ausgelegt werden.

Im US-Bundesstaat Georgia protestiert ein breites Bündnis aus Umweltaktivist*innen, Antirassist*innen, Anwohner*innen und Indigenen der Muskogee gegen den Bau einer Ausbildungs- und Trainingsanlage der Polizei. Ein Aktivist wurde von der Polizei erschossen, 61 Angeklagte stehen vor Gericht.

»Stop Cop City«

Von Carl Melchers

Das Repressionslevel bleibt hoch: Am 13. November verschärfte die Polizei in Atlanta/Georgia abermals ihre Gangart gegenüber all jenen Menschen, die gegen den Bau einer umstrittenen Trainingsanlage für Polizei, Feuerwehr und Rettungskräfte protestieren. In diesem ungleichen Kräftemessen trat die Polizei zuletzt in martialischer Kampfmontur auf und setzte Tränengas, Pfeffergeschosse und Blendgranaten gegen etwa 400 teils vermummte Demonstrant*innen ein, die sich notdürftig mit Gasmasken und Regenschirmen schützten. Auf den Straßen patrouillierten Polizeikräfte in gepanzerten Fahrzeugen, ausgestattet mit Sturmgewehren und Aufnähern, auf denen »Scharfschütze« stand.

Seit mehr als zwei Jahren kämpft ein Bürgerbündnis gegen den Bau des geplanten Public Safety Training Centers. Es soll auf 35 Hektar Fläche im Waldgebiet des malerischen South River Forest in DeKalb County im Südosten der US-Metropole Atlanta entstehen und 90 Millionen Dollar (82 Millionen Euro) kosten. Die Anlage umfasst Hallen, Klassenzimmer sowie einen sogenannten Übungsstadtteil mit Apartments, einer Bar und einer Schule. Zudem soll ein Schießstand integriert werden. All das soll im Herbst 2024 fertig sein.

Die Protestbewegung nennt den Wald lieber Weelaunee, so wie ihn die Muskogee-Ureinwohner*innen immer nannten. Diese siedelten in der Gegend, bevor US-Präsident An-

Demonstranten marschieren in Minneapolis in der Nähe von Hennepin/Lake und erinnern sich an Manuel Teran, der bei einer längeren Protestkundgebung in einem Wald in Atlanta von Beamten erschossen wurde, nachdem er angeblich auf sie geschossen hatte. Sie hielten in Lake/Girard an, wo die Demonstrantin Deona Marie am 13.06.21 getötet wurde und Winston Smith vor der Rampe zehn Tage zuvor von Polizeikräften getötet wurde.
Foto: Chad Davis (CC BY 2.0)

drew Jackson sie in den 1830er Jahren zwang, aus dem Südwesten der USA nach Oklahoma umzusiedeln, damit auf dem geraubten Land Plantagen entstehen konnten, auf denen versklavte Afroamerikaner*innen in sengender Hitze Baumwolle pflücken mussten. Im 20. Jahrhundert entstand auf dem Gelände dann ein Gefängnis mit angeschlossener landwirtschaftlicher Nutzfläche. Das Gelände des Public Safety Training Centers ist somit auch stark geprägt von einer Geschichte des Rassismus und der Vertreibung der amerikanischen Ureinwohner*innen.

Die Befürworter*innen des Projekts argumentieren, dass der Bau dringend notwendig sei, um eine veraltete und unzureichende Ausbildungsinfrastruktur zu ersetzen und der Polizei bei der Rekrutierung von Anwärter*innen zu helfen. Zu den Befürworter*innen zählen sowohl die republikanische Regierung des Bundesstaats als auch der demokratische Bürgermeister von Atlanta, Andre Dickens.

Die Gegner*innen warnen davor, dass der Bau von »Cop City«, wie sie die Anlage spöttisch nennen, zu zahlreichen Umweltschäden führe. Außerdem werde die Anlage die Probleme in den angrenzenden, überwiegend von Afroamerikaner*innen bewohnten Stadtvierteln erheblich verschärfen. Städtisches Geld, das in die Trainingsanlage fließe, fehle in diesen Stadtteilen und verschlechtere deren Lage. Diese seien jetzt schon benachteiligt und finanziell schlecht gestellt.

Zudem besteht die Sorge, dass »Cop City« zu einer verstärkten Militarisierung der Polizei führen könnte. Die Internetseite der Kampagne »Stop Cop City« gibt an, die Anlage diene dazu, Polizist*innen in Bereichen urbaner Kriegsführung sowie Aufstandsbekämpfung auszubilden. Die Aktivist*innen befürchten, dass die in der Anlage geschulten Einsatzkräfte in ärmeren Gegenden oder gegen soziale Bewegungen eingesetzt werden könnten; eine Besorgnis, die durch die rabiaten Einsätze der Polizei seit Beginn der Proteste immer wieder neue Argumente bekommt.

Vielfältige Protestbewegung

Die Bewegung »Stop Cop City« umfasst mittlerweile Menschen aus dem ganzen Land und aus dem Ausland. Sie ist vielfältig, dezentral organisiert und versammelt Gruppen von Umweltschützer*innen, Aktivist*innen gegen rassistische Polizeigewalt sowie Anwohner*innen, die sich für den Schutz ihres Naherholungsgebiets einsetzen. Auch Vertreter*innen der Muskogee nehmen an den Protesten teil. Kamau Franklin, Mitgründer der stadtpolitischen Community Movement Builders, betonte gegenüber Amy Goodman vom Rundfunksender Democracy Now: »Seit ihren Anfängen hat die Bewegung einen enormen Wirkungsbereich.« Seine Organisation entstand im Jahr 2020 als Reaktion auf den Tod George Floyds in Minneapolis und andere Fälle rassistischer Polizeigewalt und schloss sich der landesweiten Protestbewegung »Black Lives Matter« an.

Polizeigewalt gegen die Protestbewegung gehört in Atlanta zum Alltag. Zu einer Demonstration am 13. November reisten sogar die Eltern von Manuel Esteban Paez Terán – auch als »Tortuguita« bekannt – aus Panama an. »Tortuguita«, 26 Jahre alt und im Umweltschutz aktiv, wurde am 18. Januar 2023 während der Räumung eines Protestcamps auf dem Gelände von »Cop City« mit 57 Kugeln getötet. Die Polizei behauptet, Terán sei bewaffnet gewesen und habe auf die Beamt*innen geschossen, ein Beamter sei verletzt worden. Eine Lüge, sagen viele, die gegen »Cop City« protestieren. Die demokratischen Kongressabgeordneten Cori Bush und Rashida Tlaib schrieben im September in der Zeitschrift *The Nation*, dass Körperkamera-Aufnahmen des Polizeieinsatzes darauf hindeuten, dass ein Beamter einen anderen angeschossen habe. Die Autopsie ergab, dass Terán die Arme erhoben hatte. »Tortuguitas« Hände wiesen keine Schmauchspuren auf.

Doch die Justiz zog ihre eigenen Schlüsse. Am 5. September erhob Georgias Generalstaatsanwalt Chris Carr Anklage gegen 61 Personen nach dem RICO-Gesetz (Racketeer Influenced and Corrupt Organizations) des Bundesstaates, das eigentlich zur Bekämpfung organisierter Kriminalität vorgesehen ist. Demnach handelt es sich beim Protest gegen das Trainingsgelände um eine kriminelle Verschwörung, die schon beim Produzieren und Verteilen von Flugblättern beginnt. Hinzu kämen Verstöße gegen das Vermummungsverbot, Gewalt gegen Polizist*innen und Fälle von Brandstiftung.

Carr, der im Juli seine Kandidatur für den Gouverneursposten ankündigte, inszeniert sich dabei als unnachgiebiger Verfechter im Kampf gegen »gewalttätige Extremisten« und »Anarchisten«. Seit Mitte November stehen die Angeklagten vor Gericht. Ihnen drohen möglicherweise drakonische Strafen von bis zu 20 Jahren Gefängnis. Drei Organisatoren von Kautionsfonds für vorübergehend inhaftierte Protestierende wurden zudem wegen Geldwäsche angeklagt, fünf Personen wird sogar inländischer Terrorismus zur Last gelegt.

Dabei erweist es sich als praktisch, dass das Abgeordnetenhaus von Georgia im Jahr 2017 ein Gesetz über inländischen Terrorismus verschärft hat. Demnach ist Inlandsterrorismus nicht mehr nur auf strafbare Handlungen beschränkt, die darauf abzielen, Menschen zu töten oder zu verletzen. Das verschärfte Gesetz umfasst seither auch vage gehaltene Eigentumsdelikte.

Eine Vielzahl von Menschen- und Bürgerrechtsgruppen sowie Umweltschutzorganisation, darunter Amnesty International, Greenpeace und »Black Lives Matter«, wandten sich in einem offenen Brief an Generalstaatsanwalt Carr und forderten ihn eindringlich auf, die Anklage gegen die Aktivist*innen der »Stop Cop City«-Bewegung fallen zu lassen. Kritisch bemerken sie, dass einige der Angeklagten einander zuvor noch nie begegnet seien und keinerlei Aktivitäten gemeinsam koordiniert hätten. Die Verbindung zwischen den Angeklagten sei rein ideell. Gemeinsame Ideen und Vorstellungen stünden jedoch unter dem Schutz des ersten Verfassungszusatzes, der die Versammlungs-, Rede- und Pressefreiheit schützt. Die Anklage unternehme den absurden Versuch, »verschiedene Proteste zu einem Komplott zusammenzufassen, nur weil sie ähnliche Ziele verfolgen«. Die Logik der Anklageschrift könne, so die warnende Schlussfolgerung, einen gefährlichen Präzedenzfall schaffen, der künftig jede soziale Bewegung zur Zielscheibe von Kriminalisierung mache.

Die fortwährenden Proteste gegen »Cop City« und die rigiden Gegenmaßnahmen machen die zusehends tiefer werdenden Risse zwischen staatlicher Autorität und dem Recht auf legitimen Protest in den USA deutlich sichtbar. Der Schutz grundlegender Bürgerrechte ist in Gefahr.

In Kolumbien gehen Sicherheitskräfte häufig brutal gegen Protestierende vor. Dabei starben bereits viele Menschen, andere verloren ihr Augenlicht. Óscar Ramírez, Jurist und Präsident einer Menschenrechtsorganisation, fordert eine Reform der militarisierten Polizei.

Sie kennen nur Aufstandsbekämpfung

Von Knut Henkel

Ein typisches Beispiel für den Umgang der kolumbianischen Polizei mit Demonstrant*innen ist der Tod von Dilan Cruz am 23. November 2019. Der 18-Jährige wurde im Zentrum der Hauptstadt Bogotá auf einer Demonstration für bessere Bildung von einem Projektil am Kopf getroffen. Er starb zwei Tage später im Krankenhaus an den Folgen schwerer Kopfverletzungen. Das Projektil, ein mit Bleikugeln gefüllter Kevlarbeutel, auch »Bohnenbeutel« genannt, war aus zehn Metern Entfernung aus einer sogenannten weniger tödlichen Waffe abgefeuert worden und hatte dem Abiturienten schlicht den Schädel zertrümmert. Zu den Zeug*innen, die derzeit wegen des Falls vor Gericht vernommen werden, gehören auch Freiwillige des Solidaritätskomitees für politische Gefangene (CSPP), die vor Ort als Demonstrationsbeobachter*innen im Einsatz waren.

Óscar Ramírez schloss sich im Alter von 15 Jahren als freiwilliger Unterstützer dem Solidaritätskomitee an. Heute ist der Jurist Präsident der Menschenrechtsorganisation, die insbesondere zu Haftbedingungen, Polizeigewalt und Kriminalisierung von Protest in Kolumbien arbeitet. Ende Oktober stellte das Solidaritätskomitee seine jüngste Studie vor: »Die uniformierte Gewalt«. Sie dokumentiert Polizeigewalt in den Jahren 2019 bis 2023 und untersucht zugleich detailliert Strukturen im Polizeiapparat, die massive Übergriffe auf Bürger*innen durch Täter*innen in Uniform ermöglicht, von denen viele bisher ungeahndet blieben.

Im Zeitraum der Studie gab es überproportional viele Körperverletzungen. Dazu zählen auch jene 116 Menschen, die bei landesweiten Protesten während eines landesweiten Streiks (Paro Nacional) zwischen Ende April und Mitte Juli 2021 ein Auge oder sogar beide Augen verloren. Meist handele es sich um Folgen des Einsatzes von Tränengaskartuschen, die von den Aufstandsbekämpfungseinheiten (ESMAD) gezielt in Kopfhöhe verschossen würden, erklärt Ramírez. Daran habe sich auch nichts geändert, seit im Sommer 2022 eine neue Regierung vereidigt wurde. Zwei weitere Opfer von Polizeigewalt belegten dies. Immerhin habe die Regierung unter Gustavo Petro signalisiert, dass sie etwas ändern wolle, so der 31-Jährige. Ein Indiz dafür sei die Umbenennung der Aufstandsbekämpfungseinheiten in Nationale Einheit zum Dialog und Erhalt der nationalen Ordnung.

Weitaus wichtiger sei jedoch, dass endlich eine Debatte darüber in Gang gekommen sei, ob die Polizei nicht ziviler Kontrolle unterstellt werden sollte. »Das ist überfällig, denn Kolumbiens Polizei untersteht als einzige in der Region dem Verteidigungsministerium und nicht dem Innen- oder Justizministerium. Das hat zahlreiche negative Konsequenzen, denn wie in der Armee sind Aufstandsbekämpfungsstrategien Teil der polizeilichen Ausbildung. Eine direkte Folge sind militärische oder militärähnliche Strukturen der Polizei. Der größte Skandal besteht aber darin, dass alle Fälle von Polizeigewalt vor der Militärgerichtsbarkeit landen.«

Das zeigt sich auch in der Aufarbeitung des Falls von Dilan Cruz. Für dessen Tod wird Manuel Cubillos Rodríguez verantwortlich gemacht, ein Polizist der ESMAD. Er gab den tödlichen Schuss ab, wie es die Demonstrationsbeobachter*innen des Solidaritätskomitees vor Gericht bezeugten. Auch hier begann der Prozess vor einem Militärgericht. Nur weil der Verfassungsgerichtshof auf Druck von Menschenrechtsorganisationen, Jurist*innen und Angehörigen des Toten das Verfahren dem Militärgericht entzog, befasst sich jetzt ein weniger befangenes Zivilgericht damit, und die Chancen auf Aufklärung und ein gerechtes Urteil steigen.

Kriminalisierung des Protests

»Warum nicht gleich so?«, fragt sich Óscar Ramírez, der die Militärgerichtsbarkeit in allen Fällen von Polizeigewalt ablehnt. Die Militärjustiz sei für ihren Korpsgeist bekannt und erschwere Ermittlungen systematisch. Komme es bei einem Polizeieinsatz zu Waffengebrauch, so müsse darüber ein Protokoll angefertigt werden; diese Protokolle seien aber nicht öffentlich zugänglich. Offizielle Begründung sei zum einen die nationale Sicherheit, zum anderen, dass die Waffenhersteller gegen eine Freigabe der Protokolle seien. Ramírez ist empört: »Das sind Hürden, die unbedingt fallen müssen. Wir brauchen strukturelle Reformen und den Umbau einer militarisierten in eine zivile Polizei, die einem zivilen Ministerium untersteht und die nicht nur intern, sondern auch extern kontrolliert wird.«

All dies sei wichtig, um den Einsatz von Waffen besser zu kontrollieren, ganz gleich ob es sich um tödliche oder weniger tödliche Waffen handele. Zu den weniger tödlichen Waffen zählen nicht nur die »Bohnenbeutel«, sondern auch Gummigeschosse, Kartuschen für Tränen- und Reizgas sowie Blendmunition. Angesichts der gestiegenen Zahl schwerverletzter und getöteter Demonstrant*innen zwischen 2019 und 2023 sei das unerlässlich.

Allein zwischen dem 28. April und dem 14. Juli 2021 kamen 80 Menschen ums Leben. 23 wurden nach Angaben der Menschenrechtsorganisation Indepaz von der Aufstandsbekämpfungseinheit ESMAD getötet, weitere 16 starben beim Einsatz anderer Polizeieinheiten, und bei den restlichen 41 Opfern sind die Verantwortlichen unbekannt. Ramírez kritisiert, dass die Staatsanwaltschaft sämtliche Ermittlungen nur in eine Richtung lenkt – in die der Demons-

Foto: Knut Henkel

trant*innen, die in jener Zeit am Paro Nacional teilnahmen. Das sei politisch so gewollt, denn nach den Protesten seien die Handlungsspielräume der Uniformierten im Polizeikodex erweitert worden.

Außerdem werde bei der Kriminalisierung des Protests auf Gesetze zurückgegriffen, die erlassen wurden, um die organisierte Kriminalität, Terrororganisationen und Aufstandsbewegungen zu bekämpfen, sagt Ramírez. Nichts davon treffe auf Demonstrationen zu. Verantwortlich für die Kriminalisierung der Protestierenden sei Generalstaatsanwalt Francisco Barbosa. Sein Mandat endet im Januar 2024 und spätestens dann sei es an der Zeit, Reformen in der Staatsanwaltschaft und in der Polizei einzuleiten. »Wir müssen dann den Einsatz tödlicher und weniger tödlicher Waffen gemäß internationaler Normen kontrollieren und die Polizei endlich unter zivile Kontrolle stellen«, fordert Ramírez abermals.

Er bezweifelt, dass das bestehende Kooperationsabkommen zwischen der kolumbianischen und der deutschen Polizei dabei hilfreich sein könne. Zum einen seien keine Details der Kooperation bekannt, zum anderen würden die Polizeistrukturen in Deutschland kaum als Vorbild taugen. Wichtiger sei, dass der repressive Polizeikodex endlich reformiert werde. Doch stehen die Chancen nicht allzu gut. Im Parlament gibt es dafür bislang keine Mehrheit.

In Uganda und Tansania wird eine riesige Ölpipeline gebaut. Das Vorhaben stößt nicht nur auf Zustimmung. Wer dagegen demonstriert, muss mit drastischen Konsequenzen rechnen.

Öl und Schläge

Aus Kampala und Hoima von Helena Kreiensiek

Fünfmal war Bob Barigye im vergangenen Jahr auf der Straße, um gegen den Bau der East African Crude Oil Pipeline (EACOP) zu protestieren. Im Juni blockierte er mit drei weiteren Aktivist*innen während des morgendlichen Berufsverkehrs eine der belebtesten Kreuzungen in Ugandas Hauptstadt Kampala. Doch Aktionen wie diese haben drastische Konsequenzen – Schläge, Inhaftierungen, polizeiliche Registrierung.

Barigye ist Chemie- und Biologielehrer, doch arbeitet er seit gut zwei Jahren nicht mehr in seinem Beruf. Als infolge der Corona-Pandemie Personal eingespart wurde, war er der erste, der seinen Job verlor. Sein Engagement als EACOP-Gegner sei der Leitung der staatlichen Schule, an der er angestellt war, ein Dorn im Auge gewesen, sagt der 35-Jährige.

In erdverlegten, beheizten Röhren sollen über eine Distanz von 1.443 Kilometern täglich bis zu 246.000 Barrel Rohöl aus dem Westen Ugandas bis zur Chongoleani-Halbinsel an Tansanias Küste transportiert werden. Damit wäre die ostafrikanische Pipeline die längste beheizte Pipeline der Welt. Ein Megaprojekt unter Führung des französischen Energie- und Erdölkonzerns TotalEnergies, der mit 62 Prozent die größten Anteile hält. Die ugandische Erdölgesellschaft UNOC und das tansanische Pendant TPCD sind jeweils mit 15 Prozent beteiligt, der chinesische Konzern CNOOC mit acht Prozent.

Die Ölquellen liegen ausgerechnet in Murchison Falls, Ugandas bekanntestem Nationalpark. Zudem soll die Pipeline durch unzählige weitere sensible Ökosysteme führen – Naturschutzgesetzen zum Trotz. Doch mit dem Öl winkt das große Geld, so das Versprechen der Regierung. Motels mit Namen wie »Oil Land« sind entstanden, ein Schönheitssalon trägt den hoffnungsvollen Titel »Oil Rich«. Doch ob von den Gewinnen tatsächlich etwas bei den Bürger*innen ankommen wird, bezweifelt Diana Nabiruma, Pressesprecherin der Menschenrechtsorganisation Afiego. »Stattdessen haben wir festgestellt, dass die meisten Haushalte, die ihr Land durch die Pipeline verloren haben, nicht in der Lage waren, das gesamte verlorene Land zu kompensieren. Das hat die Lebensgrundlage der Menschen beeinträchtigt und ihre Ernteproduktivität und ihr Einkommen verringert«, sagt Nabiruma. Ihre Organisation veröffentlichte dazu im November 2023 einen Forschungsbericht.

Laut EACOP-Konsortium sind rund 13.300 Haushalte, davon knapp 3.800 in Uganda und gut 9.500 in Tansania, von Landverlusten durch das Bauvorhaben betroffen. Für die Verlegung der Pipeline wird ein Korridor von rund 30 Metern benötigt. 30 Meter auf einer Strecke von 1.443 Kilometern. Den Projektunterlagen zufolge müssen knapp 600 Häuser, 1.550 Gräber sowie eine Reihe von Schulen und anderen Einrichtungen dem Bau weichen. Es heißt, Betroffene würden für den Verlust von Land und Immobilien in Übereinstimmung mit Umwelt- und Menschenrechtsstandards voll entschädigt.

Versprechungen und Realität

Recheal Tugume ist erbost darüber, dass Sprecher*innen der an dem Pipeline-Projekt beteiligten Unternehmen dies seit Langem immer wieder betonen. Die Uganderin lebt nur einen Steinwurf entfernt vom Kabaale International Airport. Der im Bau befindliche Flughafen im Hoima-Distrikt ist Teil der Infrastruktur, mit der sich das Land auf den erhofften Boom in der Erdölindustrie vorbereitet. Die 29-Jährige hat jedoch keine Ohren mehr für das »Geschwätz«, wie sie es

ERLAUF DER PIPELINE

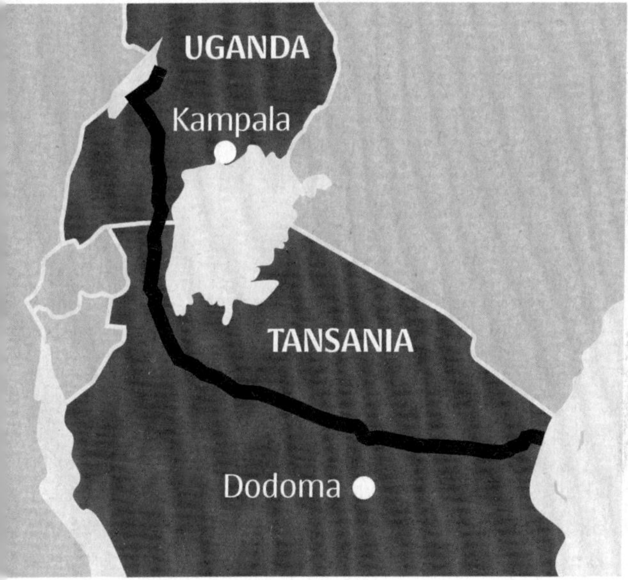

nennt. »Anfangs habe ich mich gefreut. Es sind EACOP-Mitarbeiter zu uns gekommen und haben uns erzählt, dass wir reich werden«, erzählt die junge Mutter. Sie war eine derjenigen, die unterschrieben, als Vertreter*innen des Pipeline-Projekts 2019 ihr Land kaufen wollten. Auch, weil ihr damals gesagt worden sei, dass dies der Wille der Regierung sei – und sie keine Wahl habe. Doch bis sie das Geld erhielt, sei einige Zeit vergangen. Durch Inflation habe sich der Wert des Geldes verringert, zudem seien die Preise für Land enorm in die Höhe geschossen, »vor allem in dieser Gegend«, sagt sie. Denn alle, die ihr Land aufgrund

Protest 2020, Foto: Paola Breizh (CC BY 2.0 DEED)

der Pipeline verloren, seien auf der Suche nach neuem. Sich von dem ausbezahlten Geld heute ein ähnlichwertiges Stück Land kaufen zu können, sei unmöglich. In ihrer Verzweiflung bewirtschaftet sie das Feld, das offiziell verkauft ist, einfach weiter. Allerdings nicht mehr mit Maniok und Bananen, sondern mit Mais und Bohnen. Pflanzen, die schneller reifen, jedoch weniger Einkommen bringen. Davon die Kinder satt zu bekommen und die Schulgebühren zahlen zu können, sei schwierig, sagt die alleinerziehende Mutter.

Die Geschichte von Recheal Tugume aus Uganda ist kein Einzelfall. Auch in Tansania klagen Betroffene über ähnli-

che Probleme. Doch obwohl rund 80 Prozent der geplanten Pipeline durch das Land verlaufen soll, ist die Protestbewegung dort deutlich leiser. Nicht, weil es keine Unzufriedenheit gebe, sondern weil die Angst, sich öffentlich zu positionieren, noch größer sei als in Uganda, meint der Aktivist Baraka Lenga. Vor allem unter dem vorherigen Präsidenten John Magufuli wurde die Presse- und Meinungsfreiheit in Tansania stark eingeschränkt. Mit Präsidentin Samia Suluhu Hassan, seit 2021 im Amt, habe sich die Lage zwar leicht verbessert, doch Proteste und regierungskritische Äußerungen seien immer noch sehr gefährlich, sagt Lenga. Der Tansanier ist einer der wenigen, der dennoch laut wird: »Wir haben Petitionen gestartet und mobilisieren Menschen, für ihre Rechte einzustehen. Wir haben uns auch an die Finanzinstitute und Versicherungsgesellschaften gewandt, um sie dazu zu bewegen, sich aus dem Projekt zurückzuziehen«, erklärt Lenga. Für sein Engagement erhält er immer wieder Todesdrohungen, die ihm anonym online zugesendet werden. Auch hat er schon mehrere Gefängnisaufenthalte hinter sich. Nach einer Aktion sei er zehn Stunden lang verhört worden, erzählt er. Mittlerweile habe ihm der

Dorfvorsteher zudem verboten, die Chongoleani-Halbinsel zu betreten – der Ort, an dem das Öl auf Tanker verladen werden soll. Er sei ein Unruhestifter und deshalb nicht mehr willkommen, sagt Lenga.

Ob in Tansania oder Uganda: Geschichten über Gefängnisaufenthalte und Gewalt durch Sicherheitskräfte haben alle Umwelt- und Menschenrechtsaktivist*innen zu berichten, die gegen das Projekt protestiert haben. Nachdem eine EU-Resolution Besorgnis über Menschenrechtsverletzungen im Zusammenhang mit dem Projekt zum Ausdruck gebracht hatte, zogen im September 2022 Pro-EACOP-Demonstrierende durch die Straßen von Kampala – von der Polizei begleitet. Eine Seltenheit in Uganda, wo Proteste nicht selten mit Waffengewalt aufgelöst werden. »EU – Lasst unser Öl in Ruhe« stand auf den Plakaten der demonstrierenden Schüler*innen. Diese, so heißt es, seien von der ugandischen Regierung mit Geld und einem kostenlosen Mittagessen für die Kundgebung geködert worden.

Nur fünf Tage später wurde ein Protestmarsch von Pipeline-Gegner*innen innerhalb weniger Minuten aufgelöst, neun Demonstrierende festgenommen und wegen »Erregung öffentlichen Ärgernisses« angeklagt. Situationen, die Hilda Flavia Nakabye, Mitbegründerin von Fridays for Future in Uganda, nur zu gut kennt. Daher habe sich die Bewegung auch schon für virtuelle Proteste auf der Online-Plattform X, ehemals Twitter, entschieden. »Dann veröffentlichen wir zu einem bestimmten Zeitpunkt Informationen unter einem gemeinsamen Hashtag und fluten das Internet, um so viele Menschen wie möglich zu erreichen«, erklärt die 26-Jährige.

Ähnliches berichtet auch Baraka Lenga über alternative Protestaktionen in Tansania, allerdings komme es immer wieder vor, dass Accounts gehackt und Inhalte gelöscht würden. Der physische Protest sei trotz der Risiken besser, denn er erreiche mehr Menschen, sagt Hilda Flavia Nakabye. »Es geht hier schließlich um unsere Zukunft, da können wir nicht zu Hause bleiben.«

Ist radikaler Klimaprotest gerechtfertigt? Die Rechtsanwältin und Verfassungsrichterin Roda Verheyen über die enge Verbindung von Klimaschutz und Menschenrechten, die Rechtsgrundlagen und die maximale Wirkung von Klimaprotest.

»Protest darf unbequem sein«

Interview mit Roda Verheyen: Patrick Loewenstein

Ist die Klimakrise eine Menschenrechtskrise?
Ganz sicher ist sie das! Die lange vorherrschende Meinung, dass Umwelt- und Klimaschutz nichts mit Menschenrechten zu tun hätten, war unsinnig. Heute hat sich diese Einstellung glücklicherweise substanziell geändert. Die Menschenrechte sollen unter anderem Leben und Gesundheit schützen, diese Rechtsgüter sind systematisch bedroht. Laut Weltklimarat hat sich durch Extremwetterereignisse schon jetzt die Lebenswirklichkeit der Hälfte der Weltbevölkerung verschlechtert. Zudem steht in der Klimarahmenkonvention von 1992 klar, dass die Vertragsstaaten den gefährlichen Klimawandel verhindern müssen. Das ist nicht passiert. Immerhin wird aktuell auf der Ebene der UN und der des Europarats an der Formulierung neuer Menschenrechte zum Recht auf saubere und gesunde Umwelt gearbeitet.

Was sind die rechtlichen Grundlagen für Klimaproteste?
Artikel 5 und 8 des Grundgesetzes, die Europäische Menschenrechtskonvention und die EU-Grundrechtecharta garantieren Versammlungs- und Meinungsfreiheit und damit alle Formen des Umwelt- und Klimaprotests. Das Versammlungsrecht bürgt für die Freiheit der Ortswahl und des Zeitpunkts. Allerdings schränkt das Strafrecht diese grundsätzlichen Freiheiten durch Delikte wie Nötigung oder Hausfriedensbruch ein, außerdem kann das Versammlungs- und Polizeirecht zum Tragen kommen.

Das Pariser Klimaabkommen gilt in Brasilien seit dem vergangenen Jahr als Menschenrechtsvertrag. Ist das auf Deutschland übertragbar?

In Brasilien gilt deshalb, dass sich jedes Regierungshandeln an den Zielen des Abkommens messen lassen muss. Bei uns sollte das genauso sein. Das Bundesverfassungsgericht hat dafür mit dem Klimabeschluss vom März 2021 den Rahmen gesetzt. Aber wir befinden uns mitten in der Diskussion zum Klimaschutzgesetz sowie dessen Umsetzung, und da sind wir noch lange nicht weit genug.

Wie werden die Klimaproteste in Deutschland gesetzlich und politisch bewertet?
Protest darf auch unbequem sein, sagt das Bundesverfassungsgericht in ständiger Rechtsprechung. Darüber hinaus kommt es für die juristische Sicht nicht auf den Inhalt an. Das Grundgesetz garantiert Protest ohne Zensur. Vor allem für Minderheiten, einschließlich Gruppen wie Extinction Rebellion oder die Letzte Generation. Manche Politiker*innen suggerieren uns mittlerweile, dass Klimaproteste teils schwere Straftaten darstellen und gar von Terrorist*innen verübt werden. Hier findet eine unzulässige Vorverurteilung statt. Die Beurteilung hat vielmehr durch Strafgerichte aufgrund des konkreten Geschehens und der Schuld im Einzelfall zu erfolgen.

Sehen Sie hierzulande einen Wandel in der juristischen Beurteilung?
Die Debatte zu Klimaprotesten dreht sich vor allem um die Grenzen des Protests. Wir beobachten momentan neue einschränkende Gesetze und die schärfere Anwendung bestehender Gesetze. Zu nennen ist da das Versammlungsgesetz in Nordrhein-Westfalen, das etwa Veranstaltungen auf Autobahnen grundsätzlich verbietet. Das gilt allerdings nicht nur für Klimaprotest, sondern für alle. Solche Einschränkungen von Grundrechten sind verfassungsrechtlich problematisch. In Bayern wird verlängerte präventive Ingewahrsamnahme, eigentlich eine allgemeine gesetzliche Grundlage für die Verhinderung von Straftaten und Ordnungswidrigkeiten, aktuell vor allem bei Klimaprotesten angewendet. Der Vorwurf der Bildung einer kriminellen Vereinigung gegen Klimaprotestgruppen aus dem Mai 2023 ist ebenfalls eine neue, sehr kritisch zu sehende Dimension.

Roda Verheyen ist Rechtsanwältin und Mitglied des Hamburgischen Verfassungsgerichts. Sie ist Partnerin der Kanzlei Günter und arbeitet zu Völker-, Klima- und Umweltschutzrecht sowie Unternehmensverantwortung. Sie berät Staaten zu Klimathemen und vertritt Klimaklagen gegen Unternehmen. Verheyen erhob 2018 die erste deutsche Klimaklage gegen die Bundesregierung. Ihre Verfassungsbeschwerde gegen das Klimaschutzgesetz von 2019 war erfolgreich und führte 2021 zum Klimabeschluss. Sie ist im Vorstand der Organisation Green Legal Impact e. V. (www.greenlegal.eu).

Foto: Hi-Khan Truong/Angkor-Design

In Brandenburg und München wurde der Anfangsverdacht bereits bejaht, in Berlin hingegen nach Prüfung abgelehnt.

Gibt es einen veränderten prozessualen Umgang?
Die Straftaten der Klimaaktivist*innen sind aus unserer Sicht vorwiegend versammlungstypische Bagatelldelikte. Verfahren dieser Art wurden in der Vergangenheit sehr häufig eingestellt. Bei aktuellen Delikten und Aktionen wie Straßenkundgebungen wird das manchmal anders gesehen. Und als Reaktion auf das hohe Aufkommen steigt die Zahl beschleunigter Verfahren. Der Staat reagiert mit Personalaufstockung, um den Vollzug dieser Verfahren garantieren zu können, anstatt eine neue Gesetzesgrundlage zu schaffen. Bei Klimaprotesten wird, im Unterschied zu anderen Strafverfahren, derzeit von Strafverteidiger*innen mit einer Notstandslage (§ 34 StGB) durch negative Folgen der Klimakrise argumentiert. Die Verhältnismäßigkeit des Protests muss auch in diesem Kontext bei einer strafrechtlichen Beurteilung in Betracht gezogen werden. Ansonsten sind die Gerichte gegenüber Klimaaktivist*innen bisher

mehrheitlich dem jeweiligen Sachverhalt angemessen vorgegangen. Viele Daten zu solchen Verfahren sind allerdings nicht zugänglich. Unser Verein Green Legal Impact will das in Kooperation mit Amnesty International mit dem Projekt Green Legal Spaces ändern.

Welche repressiven Entwicklungen bezüglich der Klimaproteste sind besonders bedenklich?
Die Gewährung von Versammlungs- und Meinungsfreiheit sollte nicht nur in Deutschland gut beobachtet werden. Die Tendenz in vielen Ländern, diese Freiheiten zu beschneiden oder abzuschaffen, ist schädlich für jede Demokratie. Dieser Trend muss unbedingt verhindert oder rückgängig gemacht werden. Ein weiteres repressives Element ist Abschreckung. Unsere Kanzlei vertritt derzeit Aktivist*innen im Kontext einer Aktion vor dem Landtag in Nordrhein-Westfalen. Die Staatsanwaltschaft dort hat Strafbefehle wegen Beihilfe zum Hausfriedensbruch beantragt – auch gegen Zuschauer*innen. Das Gericht hat die Strafbefehle zwar abgelehnt, aber der Vorgang an sich hat aus unserer Sicht einen erheblichen negativen Effekt auf die aktive oder passive Teilnahme an ähnlichen Veranstaltungen.

Was stimmt Sie als Juristin hoffnungsvoll?
Ich gehe davon aus, dass Gerichte sich nicht von Forderungen anstecken lassen, Bagatelldelikte unverhältnismäßig hart zu ahnden.

*Was raten Sie Aktivist*innen für eine möglichst große Wirkung?*
Die Klimakrise und der Umgang mit den Folgen lösen zwingend hochbrisante soziale Fragen aus. Deshalb wären Koalitionen mit gesellschaftlichen Bewegungen, die sich mit der Einhaltung sozialer und wirtschaftlicher Menschenrechte befassen, sicher sehr effektiv.

Finden Sie radikalen Klimaprotest gerechtfertigt?
Ich bin als Juristin involviert, es geht bei mir immer um den einzelnen Fall. Aber persönlich kann ich die Verzweiflung der Aktivist*innen verstehen, denn diese Verzweiflung sehe ich auch teilweise bei meinen Kindern.

Das Recht auf Protest ist vor Generationen erkämpft worden. Nun muss es verteidigt werden gegen einen Staat, der gern auf Nummer sicher geht.

Unmittelbare Demokratie

Ein Essay von Paula Zimmermann

Das Frauenwahlrecht, das Streikrecht, die Ehe für alle – drei Beispiele von vielen, die noch vor 150 Jahren undenkbar waren. Seither haben Menschen diese Errungenschaften erkämpft. Sie haben sich gemeinsam für Ziele eingesetzt, haben demonstriert und mit Worten und Taten zivilen Ungehorsam geleistet. Kurz: Ihr Protest hat gewirkt.

Das Bundesverfassungsgericht beschreibt die Versammlungsfreiheit und damit das Recht auf Protest fast poetisch als »Stück ursprünglich-ungebändigter unmittelbarer Demokratie, das geeignet ist, den politischen Betrieb vor Erstarrung in geschäftiger Routine zu bewahren«. Als Kernelement gelebter Demokratie also. Und auch internationale Menschenrechtsabkommen wie die Allgemeine Erklärung der Menschenrechte schützen die Versammlungs- und Meinungsfreiheit als zentrale Bestandteile einer freien und offenen Gesellschaft.

Wie steht es derzeit um das Recht auf Protest? Ein Blick auf die Plätze und Straßen der Welt zeigt eine enorme Breite an Protestbewegungen. Menschen lehnen sich auf gegen autoritäre Staatsapparate, gegen die Ausbeutung und Verschmutzung der Umwelt, gegen Krieg, soziale Ungerechtigkeit und viele andere Menschenrechtsverletzungen. Ihre Mittel sind vielfältig und beschränken sich nicht auf Demonstrationen.

Im Iran nehmen Frauen ihr Kopftuch ab, um gegen die geistliche und politische Führung zu kämpfen. Die russische Künstlerin Aleksandra Skochilenko nutzte Supermarktregale für ihren Protest gegen den Krieg in der Ukraine. In China leistete die Bürgerjournalistin Zhang Zhan

Widerstand, indem sie sich über die Zensur hinwegsetzte und über die Realität im Land aufklärte. Doch die Beispiele zeigen auch, dass auf Protest oft genug staatliche Repression folgt: Aleksandra Skochilenko, Zhang Zhan und Hunderte Protestierende im Iran sitzen hinter Gittern. Sie wurden ihrer Freiheit beraubt, weil sie sich für ihre und ihrer Mitmenschen Freiheit einsetzten. Amnesty International hat im Jahr 2022 in 79 Ländern willkürliche Inhaftierungen von Protestierenden dokumentiert. In mindestens 29 Ländern wurden Gesetze erlassen, die die Versammlungsfreiheit untergraben, einschränken oder abschaffen. In 85 Ländern wurden Proteste gewaltsam niedergeschlagen, in 33 haben Sicherheitsbehörden Protestierende getötet.

Mit der Kampagne »Protect the Protest« will Amnesty in Deutschland nicht nur auf die fehlende Versammlungs- und Meinungsfreiheit in anderen Ländern zeigen. Amnesty nimmt auch die Versammlungsfreiheit in Deutschland in den Blick. Die Bundesrepublik gilt im internationalen Vergleich oft als Leuchtturm individueller Freiheiten. Um den »politischen Betrieb vor Erstarrung in geschäftiger Routine« zu bewahren, muss dies jedoch stets kritisch reflektiert und überprüft werden. Denn eine Erosion dieser Freiheiten ist möglich, ihr Fortbestand keineswegs selbstverständlich.

Konfrontiert mit unbequemen, politisch teils unliebsamen Protestbewegungen und -formen, wird der Konflikt zwischen widerständiger Versammlungsfreiheit und staatlicher Versammlungskontrolle allzu oft zugunsten der Kontrolle entschieden. Dabei geraten Grundfesten des verfassungsrechtlichen Verständnisses der Meinungs- und Versammlungsfreiheit als für die Demokratie schlechthin konstituierende Grundrechte ins Wanken. Gut beobachten lässt sich das derzeit beim politischen Umgang mit Klimaaktivist*innen und mit Palästina-solidarischem Protest.

Vor allem Protestaktionen der Letzten Generation erregten im ersten Halbjahr 2023 die Gemüter. Orangene Westen vor grauem Asphalt, dahinter entrüstete Autofahrer*innen – dieses Bild dominierte in den Medien. Politiker*innen

Globaler Klimastreik in Berlin (15. September 2023).
Foto: Jarek Godllewski/Amnesty

schimpften über Ökoterrorist*innen, eine Klima-RAF oder über Straftäter*innen, die »die volle Härte des Rechtstaates zu spüren bekommen« oder direkt »weggesperrt werden« sollen. Solche Aussagen stellen den Rechtsstaat und die Gewaltenteilung infrage und versuchen zugleich, den Protest zu kriminalisieren.

Friedlicher politischer Protest

Ja, dieser Protest stört. Die Sinnhaftigkeit mancher Methoden ist strittig. Aber als friedlicher politischer Protest ist er von der Versammlungsfreiheit geschützt, er darf stören. Wo Straftaten begangen werden, müssen sich die Aktivist*innen der Strafverfolgung stellen. Und das tun sie auch.

Mancherorts fühlt sich der Staat derart herausgefordert, dass er mit repressiven Maßnahmen weit über das Ziel

Klimademonstranten sitzen am 28. Oktober 2023 im Rahmen der Letzte Generation Massenblockade auf der Straße des 17. Juni, 10785 Berlin, Deutschland. Foto: Robbie Morrison (CC BY 4.0)

hinausschießt. In Bayern werden Klimaaktivist*innen bis zu einen Monat lang präventiv inhaftiert. Eines der schärfsten Schwerter staatlicher Gewalt, der Freiheitsentzug, wird also zur Abschreckung gegen Menschen gerichtet, die friedlich protestieren wollen. Sogar wegen »Bildung einer kriminellen Vereinigung« wird ermittelt. Dieser Straftatbestand gibt den Behörden ein riesiges Arsenal an Ermittlungsbefugnissen an die Hand. Die Behörden nutzen es, um über die Letzte Generation hinaus auch andere Teile der Klimabewegung auszuspähen. Das ist ein Angriff auf die Zivilgesellschaft.

Auch Proteste, die sich solidarisch mit den Rechten von Palästinenser*innen zeigen, fordern den Staat besonders heraus. In Essen fand Anfang November eine Palästina-solidarische Demonstration statt, auf der ein islamisches Kalifat gefordert wurde, anschließend wurden Verbotsforderungen laut. Tatsächlich verboten wurden in Berlin 2022 und 2023 sämtliche Demonstrationen rund um den Nakba-Gedenktag am 15. Mai. Seit dem 7. Oktober, als Kämpfer der Hamas mehr als 1.200 Menschen in Israel töteten, wurden bundesweit außerdem umfassende Versammlungsverbote erlassen; betroffen waren auch geplante Demonstrationen unter dem Motto »Frieden in Nahost«.

Die Versammlungsfreiheit gilt nicht unbegrenzt. Ein präventives Totalverbot ist allerdings das letzte Mittel im Versammlungsrecht. Vorher müssen alle anderen Maßnahmen abgewogen werden. Im Umgang mit Palästina-solidarischem Protest scheinen sich Vorabverbote jedoch als Standard zu etablieren. Damit wird das Prinzip der Einzelfallbetrachtung im Versammlungsrecht systematisch verletzt.

Diese Verbote sind gefährlich: Wegen ihrer Pauschalität und wegen ihrer teils rassistisch anmutenden Begründung. Der »arabischen Diaspora in Deutschland« wird in den Verbotsbescheiden oft eine starke »Emotionalisierung« und teils sogar eine »deutlich aggressive Grundhaltung und Gewaltbereitschaft« zugeschrieben, die dann als Indiz für eine Gefahrenprognose und damit für ein Verbot herangezogen wird.

Überall dort, wo strafbare Handlungen begangen werden, weil zu Hass oder Gewalt aufgerufen wird oder Straftaten gebilligt oder getätigt werden, müssen handelnde Personen individuell zur Verantwortung gezogen werden. Man darf bestimmte Protestformen oder -aussagen für geschmacklos oder politisch verwerflich halten, im Einzelfall kann sogar ein Versammlungsverbot angemessen sein. Das rechtfertigt jedoch keinen Generalverdacht gegen Personen, die als muslimisch oder arabisch wahrgenommen werden und die angesichts der Blockade, der schweren Bombardierungen und der Vertreibung innerhalb des Gazastreifens Trauer, Sorge oder Wut öffentlich kundtun wollen.

Gerade in aufgeladenen politischen Gemengelagen ist es wichtig, dass Polizei und Behörden differenziert, verhältnismäßig und sorgfältig agieren. Sie müssen stets im Einzelfall und unter strenger Berücksichtigung der Grundrechte abwägen und auf diese Weise die Meinungs- und Versammlungsfreiheit für alle wahren.

Paula Zimmermann ist Fachreferentin für Meinungs- und Versammlungsfreiheit bei Amnesty in Deutschland.

Unsere Weltkarte zeigt ausgewählte Aktionen, zu denen Amnesty International in den vergangenen Monaten aufgerufen hat. Alle genannten Fälle haben gemeinsam, dass sie Teil des weltweiten Protests gegen Unrecht sind.

Action!

Guatemala: Die oberste Wahlbehörde bestätigte im Herbst 2023 zwar den Wahlsieg des Antikorruptionskandidaten Bernardo Arévalo, doch seine Partei wurde suspendiert. Seitdem verlangen Tausende in landesweiten Protesten, dass die regierenden Kräfte den Weg für den neuen Präsidenten freimachen. Sie fordern den Rücktritt der Generalstaatsanwältin und anderer Mitglieder der Staatsanwaltschaft. Die Regierung und das Verfassungsgericht gefähr-

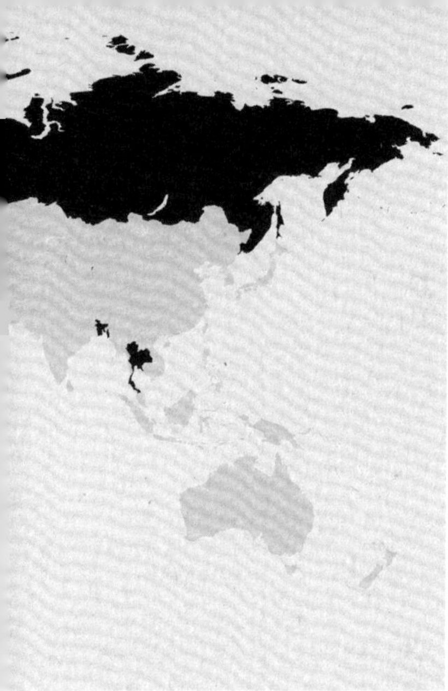

den das Recht auf friedlichen Protest, dies könnte zur Anwendung von Gewalt gegen Demonstrierende führen. Fordern Sie die Behörden auf, das Recht auf friedliche Versammlung zu garantieren.

www.amnesty.de/mitmachen/urgent-action/guatemala-friedlich-protestierende-gefahr-2023-10-17

Argentinien: Der Menschenrechtsanwalt Alberto Nallar spielte eine aktive Rolle bei Protesten, die im Juni in der Provinz Jujuy begannen. Er wurde angeklagt und wegen »Aufwiegelung zu Verbrechen, gemeinschaftlicher Gewalt und Revolte oder Meuterei« zu dreieinhalb Jahren Gefängnis verurteilt und mit einem Berufsverbot als Anwalt belegt. Alberto Nallar wird Berufung einlegen. Fordern Sie, die Kriminalisierung Nallars zu beenden.

www.amnesty.de/mitmachen/urgent-action/argentinien-menschenrechtsverteidiger-wegen-protest-verurteilt

Türkei: Dass die Samstagsmütter im November eine kurze Erklärung vortragen durften, reicht nicht aus. Zuvor wurden sie immer wieder daran gehindert, sich friedlich auf dem Galatasaray-Platz in Istanbul zu versammeln und an diesem für sie symbolträchtigen Ort Gerechtigkeit für ihre »verschwundenen« Angehörigen zu verlangen. Fordern Sie den Innenminister auf, dafür zu sorgen, dass die Samstagsmütter ihr Recht auf friedliche Versammlung ausüben können.

www.amnesty.de/tuerkei-samstagsmuetter-kleine-kundgebung-auf-dem-galatasaray-platz-erlaubt-2023-11-21

Senegal: Seit 2021 warten die Familien der bei damaligen Protesten Getöteten darauf, vor Gericht auszusagen und die Verantwortlichen für erlittene Menschenrechtsverletzungen zur Rechenschaft zu ziehen. Zu diesen Familien sind nun mehr als 20 weitere hinzugekommen. Sie haben Angehörige verloren, als während der Demonstrationen im Juni 2023 Menschen getötet wurden. Fordern Sie Gerechtigkeit, indem Sie eine E-Mail an die senegalesischen Behörden senden.

www.amnesty.org/en/petition/justice-pour-les-personnes-tuees-lors-de-manifestations-au-senegal/

Sierra Leone: Die Familien der während der Proteste im August 2022 getöteten Menschen sind wütend. Die Behörden des Landes haben es versäumt, den Tod ihrer Angehörigen aufzuklären. Fordern Sie den Präsidenten auf, dafür zu sorgen, dass die Verantwortlichen für die Tötungen vor Gericht gestellt werden.

www.amnesty.org/en/petition/demand-justice-for-people-killed-during-august-2022-events-in-sierra-leone/

Russland: Aleksandra Skochilenko ist im November wegen »Verbreitung wissentlich falscher Informationen über die russischen Streitkräfte« zu sieben Jahren Gefängnis verurteilt worden. Sie hatte im März 2022 in Supermärkten Preisschilder durch Informationen über den Krieg Russlands gegen die Ukraine ersetzt. Die Künstlerin befindet sich bereits seit über 19 Monaten in Haft. Fordern Sie ihre umgehende und bedingungslose Freilassung.

www.amnesty.de/mitmachen/urgent-action/russland-sieben-jahre-haft-wegen-antikriegsaktion

Iran: Die iranische Menschenrechtsverteidigerin und diesjährige Friedensnobelpreisträgerin Narges Mohammadi ist willkürlich inhaftiert. Seit Mai 2021 ist sie in verschiedenen

Verfahren ungerechtfertigt zu insgesamt zwölf Jahren und elf Monaten Haft, 154 Stockhieben und anderen Strafen verurteilt worden. Grundlage ihrer Verurteilung ist ihre Menschenrechtsarbeit, darunter ihr Einsatz für Familien, deren Angehörige während der Proteste im Jahr 2022 von Sicherheitskräften getötet worden waren. Fordern Sie ihre Freilassung!

www.amnesty.de/mitmachen/urgent-action/iran-narges-mohammadi-freilassen-2023-11-24

Kamerun: Dorgelesse Nguessan, eine alleinerziehende Mutter aus Kamerun, wurde im Herbst 2020 festgenommen, als sie an einer friedlichen Demonstration für eine bessere Zukunft teilnahm. Später wurde sie zu fünf Jahren Gefängnis verurteilt. Werden Sie jetzt aktiv, um Dorgelesse Nguessan zu befreien.

www.amnesty.org/en/petition/jailed-for-attending-her-first-ever-protest/

Bangladesch: Shahnewaz Chowdhury droht eine langjährige Haftstrafe. Der Ingenieur setzt sich für die vom Klimawandel stark betroffene Bevölkerung in der Region Banshkhali an der Küste Bangladeschs ein. Er wurde 2021 festgenommen und wegen »Verbreitung falscher und beleidigender Informationen« unter Anklage gestellt. Schreiben Sie einen Brief an die Premierministerin und fordern Sie sie auf, dafür zu sorgen, dass alle Anklagen gegen Shahnewaz Chowdhury fallen gelassen werden.

www.amnesty.de/bangladesch-shahnewaz-chowdhury-oktober-2023-2023-09-27

Thailand: Der Menschenrechtsverteidiger und Demokratieaktivist Anon Nampa wurde 2023 zweimal zu Haftstrafen verurteilt, weil er im Jahr 2020 an friedlichen öffentlichen Versammlungen teilgenommen hat. Ihm drohen weitere Anklagen, die zu jahrzehntelangen Haftstrafen führen könnten. Er befindet sich derzeit im Bangkoker Untersuchungsgefängnis, und die Behörden verweigern ihm sein Recht auf Kaution. Fordern Sie die umgehende und bedingungslose Freilassung.

www.amnesty.org/en/documents/asa39/7370/2023/en/

Kalender 2025

Januar

Mo		6	13	20	27
Di		7	14	21	28
Mi	1	8	15	22	29
Do	2	9	16	23	30
Fr	3	10	17	24	31
Sa	4	11	18	25	
So	5	12	19	26	
Wo	1	2	3	4	5

Februar

Mo		3	10	17	24
Di		4	11	18	25
Mi		5	12	19	26
Do		6	13	20	27
Fr		7	14	21	28
Sa	1	8	15	22	
So	2	9	16	23	
Wo	5	6	7	8	9

März

Mo		3	10	17	24
Di		4	11	18	25
Mi		5	12	19	26
Do		6	13	20	27
Fr		7	14	21	28
Sa	1	8	15	22	29
So	2	9	16	23	30
Wo	9	10	11	12	13

April

Mo		7	14	21	28
Di	1	8	15	22	29
Mi	2	9	16	23	30
Do	3	10	17	24	
Fr	4	11	18	25	
Sa	5	12	19	26	
So	6	13	20	27	
Wo	14	15	16	17	18

Mai

Mo		5	12	19	26
Di		6	13	20	27
Mi		7	14	21	28
Do	1	8	15	22	29
Fr	2	9	16	23	30
Sa	3	10	17	24	31
So	4	11	18	25	
Wo	18	19	20	21	22

Juni

Mo		2	9	16	23
Di		3	10	17	24
Mi		4	11	18	25
Do		5	12	19	26
Fr		6	13	20	27
Sa		7	14	21	28
So	1	8	15	22	29
Wo	22	23	24	25	26

Juli

Mo		7	14	21	28
Di	1	8	15	22	29
Mi	2	9	16	23	30
Do	3	10	17	24	31
Fr	4	11	18	25	
Sa	5	12	19	26	
So	6	13	20	27	
Wo	27	28	29	30	31

August

Mo		4	11	18	25
Di		5	12	19	26
Mi		6	13	20	27
Do		7	14	21	28
Fr	1	8	15	22	29
Sa	2	9	16	23	30
So	3	10	17	24	31
Wo	31	32	33	34	35

September

Mo	1	8	15	22	29
Di	2	9	16	23	30
Mi	3	10	17	24	
Do	4	11	18	25	
Fr	5	12	19	26	
Sa	6	13	20	27	
So	7	14	21	28	
Wo	36	37	38	39	40

Oktober

Mo		6	13	20	27
Di		7	14	21	28
Mi	1	8	15	22	29
Do	2	9	16	23	30
Fr	3	10	17	24	31
Sa	4	11	18	25	
So	5	12	19	26	
Wo	40	41	42	43	44

November

Mo		3	10	17	24
Di		4	11	18	25
Mi		5	12	19	26
Do		6	13	20	27
Fr		7	14	21	28
Sa	1	8	15	22	29
So	2	9	16	23	30
Wo	44	45	46	47	48

Dezember

Mo	1	8	15	22	29
Di	2	9	16	23	30
Mi	3	10	17	24	31
Do	4	11	18	25	
Fr	5	12	19	26	
Sa	6	13	20	27	
So	7	14	21	28	
Wo	49	50	51	52	1

Januar 2025

1 Mi Neujahr 1. Wo
2 Do
3 Fr
4 Sa
5 So
6 Mo Heilige Drei Könige 2. Wo
7 Di
8 Mi
9 Do
0 Fr
1 Sa
2 So
3 Mo 3. Wo
4 Di
5 Mi
6 Do
7 Fr
8 Sa
9 So
0 Mo 4. Wo
1 Di
2 Mi
3 Do
4 Fr
5 Sa
6 So
7 Mo 5. Wo
3 Di
9 Mi
0 Do
1 Fr

Februar 2025

1 Sa
2 So
3 Mo 6. Wo
4 Di
5 Mi
6 Do
7 Fr
8 Sa
9 So
10 Mo 7. Wo
11 Di
12 Mi
13 Do
14 Fr
15 Sa
16 So
17 Mo 8. Wo
18 Di
19 Mi
20 Do
21 Fr
22 Sa
23 So
24 Mo 9. Wo
25 Di
26 Mi
27 Do
28 Fr

März 2025

1 Sa
2 So
3 Mo Rosenmontag 10. Wo
4 Di Fastnacht
5 Mi Aschermittwoch
6 Do
7 Fr
8 Sa Weltfrauentag
9 So
10 Mo 11. Wo
11 Di
12 Mi
13 Do
14 Fr
15 Sa
16 So
17 Mo 12. Wo
18 Di
19 Mi
20 Do Frühlingsanfang
21 Fr
22 Sa
23 So
24 Mo 13. Wo
25 Di
26 Mi
27 Do
28 Fr
29 Sa
30 So Beginn d. Sommerzeit
31 Mo 14. Wo

April 2025

1	Di		
2	Mi		
3	Do		
4	Fr		
5	Sa		
6	So		
7	Mo		15. Wo
8	Di		
9	Mi		
10	Do		
11	Fr		
12	Sa		
13	So		
14	Mo		16. Wo
15	Di		
16	Mi		
17	Do		
18	Fr	Karfreitag	
19	Sa		
20	So	Ostersonntag	
21	Mo	Ostermontag	17. Wo
22	Di		
23	Mi		
24	Do		
25	Fr		
26	Sa		
27	So		
28	Mo		18. Wo
29	Di		
30	Mi		

Mai 2025

1	Do	Tag der Arbeit	
2	Fr		
3	Sa		
4	So		
5	Mo		19. Wo
6	Di		
7	Mi		
8	Do		
9	Fr		
10	Sa		
11	So		
12	Mo		20. Wo
13	Di		
14	Mi		
15	Do		
16	Fr		
17	Sa		
18	So		
19	Mo		21. Wo
20	Di		
21	Mi		
22	Do		
23	Fr		
24	Sa		
25	So		
26	Mo		22. Wo
27	Di		
28	Mi		
29	Do	Christi Himmelfahrt	
30	Fr		
31	Sa		

Juni 2025

1	So	Intern. Kindertag	
2	Mo		23.
3	Di		
4	Mi		
5	Do		
6	Fr		
7	Sa		
8	So	Pfingstsonntag	
9	Mo	Pfingstmontag	24.
10	Di		
11	Mi		
12	Do		
13	Fr		
14	Sa		
15	So		
16	Mo		25.
17	Di		
18	Mi		
19	Do	Fronleichnam	
20	Fr		
21	Sa	Sommeranfang	
22	So		
23	Mo		26
24	Di		
25	Mi		
26	Do		
27	Fr		
28	Sa		
29	So		
30	Mo		27

Juli 2025	August 2025	September 2025
1 Di	1 Fr Bundesfeier (CH)	1 Mo 36. Wo
2 Mi	2 Sa	2 Di
3 Do	3 So	3 Mi
4 Fr	4 Mo 32. Wo	4 Do
5 Sa	5 Di	5 Fr
6 So	6 Mi	6 Sa
7 Mo 28. Wo	7 Do	7 So
8 Di	8 Fr Augsburger Friedensfest	8 Mo 37. Wo
9 Mi	9 Sa	9 Di
0 Do	10 So	10 Mi
1 Fr	11 Mo 33. Wo	11 Do
2 Sa	12 Di	12 Fr
3 So	13 Mi	13 Sa
4 Mo 29. Wo	14 Do	14 So
5 Di	15 Fr Mariä Himmelfahrt	15 Mo 38. Wo
6 Mi	16 Sa	16 Di
7 Do	17 So	17 Mi
8 Fr	18 Mo 34. Wo	18 Do
9 Sa	19 Di	19 Fr
0 So	20 Mi	20 Sa
1 Mo 30. Wo	21 Do	21 So
2 Di	22 Fr	22 Mo Herbstanfang 39. Wo
3 Mi	23 Sa	23 Di
4 Do	24 So	24 Mi
5 Fr	25 Mo 35. Wo	25 Do
6 Sa	26 Di	26 Fr
7 So	27 Mi	27 Sa
8 Mo 31. Wo	28 Do	28 So
9 Di	29 Fr	29 Mo 40. Wo
0 Mi	30 Sa	30 Di
1 Do	31 So	

Oktober 2025

1 Mi		
2 Do		
3 Fr	Tag der Dt. Einheit	
4 Sa		
5 So		
6 Mo		41. Wo
7 Di		
8 Mi		
9 Do		
10 Fr		
11 Sa		
12 So		
13 Mo		42. Wo
14 Di		
15 Mi		
16 Do		
17 Fr		
18 Sa		
19 So		
20 Mo		43. Wo
21 Di		
22 Mi		
23 Do		
24 Fr		
25 Sa		
26 So	Nationalfeiertag (A)	
27 Mo		44. Wo
28 Di		
29 Mi		
30 Do		
31 Fr	Reformationstag	

November 2025

1 Sa	Allerheiligen	
2 So		
3 Mo		45. Wo
4 Di		
5 Mi		
6 Do		
7 Fr		
8 Sa		
9 So		
10 Mo		46. Wo
11 Di		
12 Mi		
13 Do		
14 Fr		
15 Sa		
16 So	Volkstrauertag	
17 Mo		47. Wo
18 Di		
19 Mi	Buß- und Bettag	
20 Do	Weltkindertag	
21 Fr		
22 Sa		
23 So	Totensonntag	
24 Mo		48. Wo
25 Di		
26 Mi		
27 Do		
28 Fr		
29 Sa		
30 So	1. Advent	

Dezember 2025

1 Mo		49.
2 Di		
3 Mi		
4 Do		
5 Fr		
6 Sa		
7 So	2. Advent	
8 Mo		50.
9 Di		
10 Mi		
11 Do		
12 Fr		
13 Sa		
14 So	3. Advent	
15 Mo		51.
16 Di		
17 Mi		
18 Do		
19 Fr		
20 Sa		
21 So	4. Advent, Winteranfang	
22 Mo		52
23 Di		
24 Mi	Heiligabend	
25 Do	1. Weihnachtstag	
26 Fr	2. Weihnachtstag	
27 Sa		
28 So		
29 Mo		1.
30 Di		
31 Mi	Silvester	

Januar 2026	Februar 2026	März 2026
1 Do Neujahr 1. Wo	1 So	1 So
2 Fr	2 Mo 6. Wo	2 Mo 10. Wo
3 Sa	3 Di	3 Di
4 So	4 Mi	4 Mi
5 Mo 2. Wo	5 Do	5 Do
6 Di Heilige Drei Könige	6 Fr	6 Fr
7 Mi	7 Sa	7 Sa
8 Do	8 So	8 So
9 Fr	9 Mo 7. Wo	9 Mo 11. Wo
0 Sa	10 Di	10 Di
1 So	11 Mi	11 Mi
2 Mo 3. Wo	12 Do	12 Do
3 Di	13 Fr	13 Fr
4 Mi	14 Sa Valentinstag	14 Sa
5 Do	15 So	15 So
6 Fr	16 Mo Rosenmontag 8. Wo	16 Mo 12. Wo
7 Sa	17 Di Fastnacht	17 Di
8 So	18 Mi Aschermittwoch	18 Mi
9 Mo 4. Wo	19 Do	19 Do
0 Di	20 Fr	20 Fr Frühlingsanfang
1 Mi	21 Sa	21 Sa
2 Do	22 So	22 So
3 Fr	23 Mo 9. Wo	23 Mo 13. Wo
4 Sa	24 Di	24 Di
5 So	25 Mi	25 Mi
6 Mo 5. Wo	26 Do	26 Do
7 Di	27 Fr	27 Fr
8 Mi	28 Sa	28 Sa
9 Do		29 So Beginn d. Sommerzeit
0 Fr		30 Mo 14. Wo
1 Sa		31 Di

April 2026

1	Mi		
2	Do		
3	Fr	Karfreitag	
4	Sa		
5	So	Ostersonntag	
6	Mo	Ostermontag	15. Wo
7	Di		
8	Mi		
9	Do		
10	Fr		
11	Sa		
12	So		
13	Mo		16. Wo
14	Di		
15	Mi		
16	Do		
17	Fr		
18	Sa		
19	So		
20	Mo		17. Wo
21	Di		
22	Mi		
23	Do		
24	Fr		
25	Sa		
26	So		
27	Mo		18. Wo
28	Di		
29	Mi		
30	Do		

Mai 2026

1	Fr	Tag der Arbeit	
2	Sa		
3	So		
4	Mo		19. Wo
5	Di		
6	Mi		
7	Do		
8	Fr		
9	Sa		
10	So		
11	Mo		20. Wo
12	Di		
13	Mi		
14	Do	Christi Himmelfahrt	
15	Fr		
16	Sa		
17	So		
18	Mo		21. Wo
19	Di		
20	Mi		
21	Do		
22	Fr		
23	Sa		
24	So	Pfingstsonntag	
25	Mo	Pfingstmontag	22. Wo
26	Di		
27	Mi		
28	Do		
29	Fr		
30	Sa		
31	So		

Juni 2026

1	Mo	Intern. Kindertag	23.
2	Di		
3	Mi		
4	Do	Fronleichnam	
5	Fr		
6	Sa		
7	So		
8	Mo		24.
9	Di		
10	Mi		
11	Do		
12	Fr		
13	Sa		
14	So		
15	Mo		25.
16	Di		
17	Mi		
18	Do		
19	Fr		
20	Sa		
21	So	Sommeranfang	
22	Mo		26
23	Di		
24	Mi		
25	Do		
26	Fr		
27	Sa		
28	So		
29	Mo		2
30	Di		

Juli 2026	August 2026	September 2026
1 Mi	1 Sa Bundesfeier (CH)	1 Di
2 Do	2 So	2 Mi
3 Fr	3 Mo 32. Wo	3 Do
4 Sa	4 Di	4 Fr
5 So	5 Mi	5 Sa
6 Mo 28. Wo	6 Do	6 So
7 Di	7 Fr	7 Mo 37. Wo
8 Mi	8 Sa Augsburger Friedensfest	8 Di
9 Do	9 So	9 Mi
10 Fr	10 Mo 33. Wo	10 Do
11 Sa	11 Di	11 Fr
12 So	12 Mi	12 Sa
13 Mo 29. Wo	13 Do	13 So
14 Di	14 Fr	14 Mo 38. Wo
15 Mi	15 Sa Mariä Himmelfahrt	15 Di
16 Do	16 So	16 Mi
17 Fr	17 Mo 34. Wo	17 Do
18 Sa	18 Di	18 Fr
19 So	19 Mi	19 Sa
20 Mo 30. Wo	20 Do	20 So Weltkindertag
21 Di	21 Fr	21 Mo 39. Wo
22 Mi	22 Sa	22 Di
23 Do	23 So	23 Mi Herbstanfang
24 Fr	24 Mo 35. Wo	24 Do
25 Sa	25 Di	25 Fr
26 So	26 Mi	26 Sa
27 Mo 31. Wo	27 Do	27 So
28 Di	28 Fr	28 Mo 40. Wo
29 Mi	29 Sa	29 Di
30 Do	30 So	30 Mi
31 Fr	31 Mo 36. Wo	

Oktober 2026	November 2026	Dezember 2026
1 Do	1 So Allerheiligen	1 Di
2 Fr	2 Mo 45. Wo	2 Mi
3 Sa Tag der Deutschen Einheit	3 Di	3 Do
4 So	4 Mi	4 Fr
5 Mo 41. Wo	5 Do	5 Sa
6 Di	6 Fr	6 So 2. Advent
7 Mi	7 Sa	7 Mo 50.
8 Do	8 So	8 Di
9 Fr	9 Mo 46. Wo	9 Mi
10 Sa	10 Di	10 Do
11 So	11 Mi	11 Fr
12 Mo 42. Wo	12 Do	12 Sa
13 Di	13 Fr	13 So 3. Advent
14 Mi	14 Sa	14 Mo 51.
15 Do	15 So Volkstrauertag	15 Di
16 Fr	16 Mo 47. Wo	16 Mi
17 Sa	17 Di	17 Do
18 So	18 Mi Buß- und Bettag	18 Fr
19 Mo 43. Wo	19 Do	19 Sa
20 Di	20 Fr	20 So 4. Advent
21 Mi	21 Sa	21 Mo Winteranfang 52
22 Do	22 So Totensonntag	22 Di
23 Fr	23 Mo 48. Wo	23 Mi
24 Sa	24 Di	24 Do Heiligabend
25 So	25 Mi	25 Fr 1. Weihnachtstag
26 Mo Nationalfeiertag (A) 44. Wo	26 Do	26 Sa 2. Weihnachtstag
27 Di	27 Fr	27 So
28 Mi	28 Sa	28 Mo 5
29 Do	29 So 1. Advent	29 Di
30 Fr	30 Mo 49. Wo	30 Mi
31 Sa Reformationstag		31 Do Silvester

Kalender 2026

Januar

Mo	5 12 19 26
Di	6 13 20 27
Mi	7 14 21 28
Do	1 8 15 22 29
Fr	2 9 16 23 30
Sa	3 10 17 24 31
So	4 11 18 25
Wo	1 2 3 4 5

Februar

Mo	2 9 16 23
Di	3 10 17 24
Mi	4 11 18 25
Do	5 12 19 26
Fr	6 13 20 27
Sa	7 14 21 28
So	1 8 15 22
Wo	5 6 7 8 9

März

Mo	2 9 16 23 30
Di	3 10 17 24 31
Mi	4 11 18 25
Do	5 12 19 26
Fr	6 13 20 27
Sa	7 14 21 28
So	1 8 15 22 29
Wo	9 10 11 12 13 14

April

Mo	6 13 20 27
Di	7 14 21 28
Mi	1 8 15 22 29
Do	2 9 16 23 30
Fr	3 10 17 24
Sa	4 11 18 25
So	5 12 19 26
Wo	14 15 16 17 18

Mai

Mo	4 11 18 25
Di	5 12 19 26
Mi	6 13 20 27
Do	7 14 21 28
Fr	1 8 15 22 29
Sa	2 9 16 23 30
So	3 10 17 24 31
Wo	18 19 20 21 22

Juni

Mo	1 8 15 22 29
Di	2 9 16 23 30
Mi	3 10 17 24
Do	4 11 18 25
Fr	5 12 19 26
Sa	6 13 20 27
So	7 14 21 28
Wo	23 24 25 26 27

Juli

Mo	6 13 20 27
Di	7 14 21 28
Mi	1 8 15 22 29
Do	2 9 16 23 30
Fr	3 10 17 24 31
Sa	4 11 18 25
So	5 12 19 26
Wo	27 28 29 30 31

August

Mo	3 10 17 24 31
Di	4 11 18 25
Mi	5 12 19 26
Do	6 13 20 27
Fr	7 14 21 28
Sa	1 8 15 22 29
So	2 9 16 23 30
Wo	31 32 33 34 35 36

September

Mo	7 14 21 28
Di	1 8 15 22 29
Mi	2 9 16 23 30
Do	3 10 17 24
Fr	4 11 18 25
Sa	5 12 19 26
So	6 13 20 27
Wo	36 37 38 39 40

Oktober

Mo	5 12 19 26
Di	6 13 20 27
Mi	7 14 21 28
Do	1 8 15 22 29
Fr	2 9 16 23 30
Sa	3 10 17 24 31
So	4 11 18 25
Wo	40 41 42 43 44

November

Mo	2 9 16 23 30
Di	3 10 17 24
Mi	4 11 18 25
Do	5 12 19 26
Fr	6 13 20 27
Sa	7 14 21 28
So	1 8 15 22 29
Wo	44 45 46 47 48 49

Dezember

Mo	7 14 21 28
Di	1 8 15 22 29
Mi	2 9 16 23 30
Do	3 10 17 24 31
Fr	4 11 18 25
Sa	5 12 19 26
So	6 13 20 27
Wo	49 50 51 52 53

Die beweglichen Feste

	2023	2024	2025	2026	2027
Ostersonntag	09.04	31.03.	20.04.	05.04.	28.03.
Christi Himmelfahrt	18.05.	09.05.	29.05.	14.05.	06.05.
Pfingstsonntag	28.05.	19.05.	08.06.	24.05.	16.05.
Fronleichnam	08.06.	30.05.	19.06.	04.06.	27.05.
Buß- und Bettag	22.11.	20.11.	19.11.	18.11.	17.11.
1. Advent	03.12.	01.12.	30.11.	29.11.	28.11.
Heiligabend	So	Di	Mi	Do	Fr

Schulferien 2025

Deutschland	Weihn. 24/25	Winter 2025	Ostern 2025	Pfingsten 2025
Baden-Württ.	23.12.-04.01.	–	14.04.-26.04.	10.06.-20.06.
Bayern	23.12.-03.01.	03.03.-07.03	14.04.-25.04.	10.06.-20.06.
Berlin	23.12.-31.12.	03.02.-08.02.	14.04.-25.04.	10.06.
Brandenburg	23.12.-31.12.	03.02.-08.02.	14.04.-25.04.	10.06.
Bremen	23.12.-04.01.	03.02.-04.02.	07.04.-19.04.	10.06.
Hamburg	20.12.-03.01.	31.01.	10.03.-21.03.	21.5.-30.05.
Hessen	23.12.-10.01.	–	07.04.-21.04.	–
Mecklenb.-Vorp.	23.12.-06.01.	03.02.-14.02.	14.04.-23.04.	06.06.-10.06.
Niedersachsen	23.12.-04.01.	03.02.-04.02.	07.04.-19.04.	10.06.
Nordrhein-Westf.	23.12.-06.01.	–	14.04.-26.04.	10.06.
Rheinland-Pfalz	23.12.-08.01.	–	14.04.-25.04.	–
Saarland	23.12.-03.01.	24.02.-04.03.	14.04.-25.04.	–
Sachsen	23.12.-03.01.	17.02.-01.03.	18.04.-25.04.	–
Sachsen-Anhalt	23.12.-04.01.	27.01.-31.01.	07.04.-19.04.	30.05.
Schleswig-Holst.	19.12.-07.01.	–	11.04.-25.04.	30.05
Thüringen	23.12.-03.01.	03.02.-08.02.	07.04.-19.04.	30.05.

Deutschland	Sommer 2025	Herbst 2025	Weihn. 25/26	Winter 2026
Baden-Württ.	31.07.-13.09.	27.10.-31.10.	22.12.-05.01.	–
Bayern	01.08.-15.09.	03.-07.11.,19.11.	22.12.-05.01.	16.02.-20.02.
Berlin	24.07.-06.09.	20.10.-01.11.	22.12.-02.01.	02.02.-07.02.
Brandenburg	24.07.-06.09.	20.10.-01.11.	22.12.-02.01.	02.02.-07.02.
Bremen	03.07.-13.08.	13.10.-25.10.	22.12.-05.01.	02.02.-03.02.
Hamburg	24.07.-03.09.	20.10.-31.10.	17.12.-02.01.	30.01.
Hessen	07.07.-15.08.	06.10.-18.10.	22.12.-10.01.	–
Mecklenb.-Vorp.	28.07.-06.09.	20.10.-25.10.	22.12.-05.01.	09.02.-20.02.
Niedersachsen	03.07.-13.08.	13.10.-25.10.	22.12.-05.01.	02.02.-03.02.
Nordrhein-Westf.	14.07.-26.08.	13.10.-25.10.	22.12.-06.01.	–
Rheinland-Pfalz	07.07.-15.08.	13.10.-24.10.	22.12.-07.01.	–
Saarland	07.07.-14.08.	13.10.-24.10.	22.12.-02.01.	16.02.-20.02
Sachsen	28.06.-08.08.	06.10.-18.10.	22.12.-02.01.	09.02.-21.02.
Sachsen-Anhalt	28.07.-06.09.	13.10.-25.10.	22.12.-05.01.	31.01.-06.02
Schleswig-Holst.	28.07.-06.09.	20.10.-30.10.	19.12.-06.01.	02.02.-03.02
Thüringen	28.06.-08.08.	06.10.-18.10.	22.12.-03.01.	16.02.-21.02

Quelle: http:/www.kmk.org/ferienkalender.htm

Österreich	Semester 2025	Ostern 2025	Pfingsten 2025
Burgenland/Salzburg	10.02.-16.02.	12.04.-21.04.	07.06.-09.06.
Kärnten/Tirol/Vorarlberg	10.02.-16.02.	12.04.-21.04.	07.06.-09.06.
Niederösterreich, Wien	03.02.-09.02.	12.04.-21.04.	07.06.-09.06.
Oberösterreich, Steiermark	17.02.-23.02	12.04.-21.04.	07.06.-09.06.

Quelle: https://www.schulferien.org/oesterreich/ferien/2024

Österreich	Sommer 2025	Herbst 2025	Weihn. 25/26
Burgenland/Niederösterr./Wien	28.06.-31.08.	27.10.-31.10.	24.12.-06.01
restliche Bundesländer	05.07.-07.09.	28.10.-31.10.	24.12.-06.01

Schweiz: Die Ferien sind von Gemeinde zu Gemeinde unterschiedlich.

Angegeben sind jeweils der erste und der letzte Ferientag. Gelegentlich werden d
Ferien kurzfristig anders festgelegt, als nach der langfristigen Planung vorgesehe
Alle Angaben ohne Gewähr.

12
Do

13
Fr

14
Sa

3. Advent
15
So
☺

In Zeiten der universellen Täuschung wird das Aussprechen der Wahrheit zur revolutionären Tat.

George Orwell, 1903-1950,
englischer Schriftsteller und Journalist

16
Mo

17
Di

18
Mi

48

Neumond: ☻ zunehmender Mond: ☽

Dezember 2024

19 Do

20 Fr

Winteranfang

21 Sa

4. Advent

22 So ☾

Vollmond: ☺ abnehmender Mond: ☾

Dezember 2024

Im Krieg ist die Wahrheit das erste Opfer.

Aischylos, 525-456 v. Chr.,
griechischer Dichter

23
Mo

24
Di

Heiligabend

25
Mi

1. Weihnachtstag

50

2. Weihnachtstag

26 Do

27 Fr

28 Sa

29 So

Dezember 2024/Januar 2025

J

Die halbe Wahrheit ist meistens eine ganze Lüge.

Jüdisches Sprichwort

30
Mo
☻

31
Di
Silvester

1
Mi
01.01.2000, Turkmenistan: Turkmenistan schafft die Todesstrafe ab.
Neujahr

52

J

2
Do

3
Fr

03.01.2024, Iran: Bei einer Gedenkveranstaltung für den vier Jahre zuvor von den USA getöteten General Qasem Soleimani werden in Kerman zwei Bombenanschläge verübt, bei denen mehr als 80 Menschen sterben.

4
Sa

5
So

Januar 2025

J

Wer nichts weiß, muss alles glauben.

Marie von Ebner-Eschenbach, 1830-1916,
mährisch-österreichische Schriftstellerin

6
Mo

Heilige Drei Könige[1)]

7
Di

☽

07.01.2005, Dessau: Der Asylbewerber Oury Jalloh aus Sierra-Leone verbrennt in einer Polizeizelle. Unabhängige Gutachten lassen vermuten, dass er Opfer von Polizeigewalt wurde.

Orthodoxes Weihnachtsfest

8
Mi

1) Gesetzlicher Feiertag in Baden-Württemberg, Bayern, Sachsen-Anhalt, Österreich

J

9
Do

10
Fr

11
Sa

11.01.2020, Frankreich: Nach langen Protesten lenkt die französische Regierung im Konflikt um eine Rentenreform, bei der das Renteneintrittsalter auf 64 erhöht werden sollte, ein und gibt das Vorhaben vorübergehend auf. 2023 wird die Reform allerdings umgesetzt.

12
So

J

Dich geht es an, wenn deines Nachbarn Haus brennt.

Horaz, 65-8 v. Chr.,
römischer Dichter

13
Mo
☺

13.01.2020, Vereinigtes Königreich: In Nordirland, dem letzten der vier großen Landesteile des Vereinigten Königreichs, tritt die Erlaubnis der Ehe für alle in Kraft.

14
Di

14.01.2024, Deutschland: Nach der Veröffentlichung der Correctiv-Recherche über „Remigrationspläne“ der AfD demonstrieren in vielen Städten Hunderttausende gegen Rassismus, Fremdenfeindlichkeit und rechte Gesinnungen.

15
Mi

15.01.2015, Mauretanien: Der Menschenrechtler und Anti-Sklaverei-Aktivist Biram Dah Abeid wird mit zwei seiner Mitstreitern zu zwei Jahren Haft wegen Volksverhetzung und Mitgliedschaft in einer nicht zugelassenen Organisation verurteilt.

J

16
Do

17
Fr

18
Sa

19
So

J

Nichts ist schwerer und erfordert mehr Charakter, als sich in offenem Gegensatz zu seiner Zeit zu befinden und zu sagen: Nein!

Kurt Tucholsky, 1890-1935,
deutscher Journalist und Schriftsteller

20
Mo

21
Di
☾

22
Mi

J

23.01.2020, China: Die Abriegelung von Wuhan führt zu internationaler Aufmerksamkeit für die beginnende COVID-19-Pandemie.

23 Do

24 Fr

25.01.2011, Ägypten: In den großen Städten des Landes beginnen Demonstrationen gegen das Regime des Präsidenten Muhammad Husni Mubarak. Ihm werden Korruption und Amtsmissbrauch vorgeworfen.

25 Sa

26 So

J

*Wer anderen die Freiheit verweigert,
verdient sie nicht für sich selbst.*

Abraham Lincoln, 1809-1865,
16. Präsident der Vereinigten Staaten

27
Mo

Internationaler Tag des Gedenkens der Opfer des Nationalsozialismus

28
Di

29
Mi
☻

Chinesisches Neujahr: Das Jahr der Holz-Schlange

30 Do

30.01.1972, Nordirland: Die britische Armee erschießt 13 unbewaffnete Zivilist*innen während einer friedlichen Bürgerrechtsdemonstration in Derry. Der Tag geht als Bloody Sunday in die Geschichte ein.

31 Fr

31.01.1865, USA: Das 13th Amendment, das die Sklaverei und unfreiwillige Knechtschaft verbietet, wird verabschiedet und tritt am 18. Dezember 1965 in Kraft.

1 Sa

01.02.2021, Myanmar: Das Militär stürzt die demokratisch gewählte Regierung unter dem Vorwurf des angeblichen Wahlbetrugs, was zu landesweiten Protesten führt. Diese werden meist brutal niedergeschlagen.

2 So

02.02.2015, Kamerun: Bei einem mutmaßlichen Racheakt für die am Vortag erlittene Niederlage im Norden Nigerias überfällt die Terrormiliz Boko Haram den Ort Fotokol im Norden Kameruns und tötet neben tschadischen und kamerunischen Soldat*innen auch Dutzende Zivilist*innen.

Februar 2025

F

Ideale sind wie Sterne: Man kann sie nicht erreichen, aber man kann sich an ihnen orientieren.

Carl Schurz, 1829-1906,
US-amerikanischer Politiker und Publizist

3
Mo

4
Di

5
Mi
☽

6 Do

F

Internationaler Tag „Null Toleranz gegenüber weiblicher Genitalverstümmelung“

7 Fr

07.02.1995, Pakistan: In Islamabad wird Ramzi Ahmed Yousef festgenommen. Er wird verdächtigt, einer der Drahtzieher beim Bombenanschlag auf das World Trade Center 1993 gewesen zu sein. Pakistan liefert ihn deshalb später an die Vereinigten Staaten aus, wo er zu 240 Jahren Haft verurteilt wird.

8 Sa

9 So

F

Unsere Generation wird nicht so sehr die Untaten böser Menschen zu beklagen haben als vielmehr das erschreckende Schweigen der guten.

Martin Luther King, 1929-1968,
amerikanischer Pfarrer und Bürgerrechtler

10
Mo

11
Di

12
Mi
☺

12.02.2014, Venezuela: Student*innen führen massive Proteste gegen die hohe Kriminalität, wirtschaftliche Probleme und die Einschränkung der Meinungsfreiheit im Land an. Diese leben seitdem immer wieder auf und treffen dabei auf brutale Gewalt durch Sicherheitskräfte.

13
Do
F

Valentinstag
14
Fr

Parinirvana-Tag[1)]
15
Sa

16.02.2019, Algerien: Der Tag markiert den Auftakt der sogenannten Hirak-Proteste gegen die weit verbreitete Korruption und das autoritäre Regime im Land.
16.02.2024, Russland: Der russische Oppositionspolitiker Alexei Nawalny stirbt in einem Straflager in der Strafkolonie IK-3 in der nördlichen Region der Jamal-Nenzen.
16
So

1) Feier zum Gedenken des Todes des historischen Buddha, buddhistischer Feiertag

Bist du ein Mensch, so fühle meine Not.

*Johann Wolfgang von Goethe, 1749-1832,
deutscher Dichter und Naturforscher*

F

17
Mo

18
Di

19
Mi

19.02.2020, Deutschland: Ein rechtsextremer Täter erschießt im hessischen Hanau neun Menschen mit Migrationshintergrund sowie seine Mutter und sich selbst. Die Tat führt zu intensiven Debatten über Rechtsextremismus und Rassismus in Deutschland.

20 Do

F

☾

20.02.2014, Ukraine: Beim sogenannten Maidan-Massaker töten Sicherheitskräfte rund 100 Menschen in Kiew, die gegen die prorussische Regierung protestierten.

21 Fr

22 Sa

23 So

Februar 2025

F

Sein Gewissen war rein – er benutzte es nie.

Dietrich Bonhoeffer, 1906-1945,
deutscher Theologe und Widerstandskämpfer

24
Mo

24.02.2022, Ukraine: Die russische Armee marschiert unter der Führung der Regierung Wladimir Putins ins Land ein. Im andauernden Krieg sterben Hunderttausende von Menschen und viele weitere müssen fliehen.

25
Di

26
Mi

27
Do

F

M

28.02.1981, Deutschland: Rund 100.000 Anhänger*innen der Anti-Atomkraft-Bewegung demonstrieren gegen die Fortsetzung des Baus des Kernkraftwerks Brokdorf – die bis dahin größte Demonstration gegen Kernkraft in der Bundesrepublik.

Beginn des Ramadan[1)]

28
Fr

☻

1
Sa

2
So

1) Islamischer Fastenmonat

Das größte Übel, das wir unseren Mitmenschen antun können, ist nicht, sie zu hassen, sondern ihnen gegenüber gleichgültig zu sein. Das ist die absolute Unmenschlichkeit.

George Bernard Shaw, 1856-1950,
irischer Dichter

M

3
Mo

Rosenmontag

4
Di

04.03.2015, Indien: Ein Gericht untersagt die Ausstrahlung der Dokumentation India's Daughter, die die Gruppenvergewaltigung und tödliche Misshandlung einer jungen Frau 2012 thematisiert. Die britische Regisseurin des Films, Leslee Udwin, wertet das Vorgehen als willkürliche Zensur.

Fastnacht

5
Mi

Aschermittwoch

6
Do
☽
M

7
Fr

8
Sa

08.03.1985, Libanon: Bei einem Autobombenanschlag in Beirut auf den Hisbollah-Führer Muhammad Hussein Fadlallah sterben über 80 Menschen und rund 200 Personen werden verletzt. Fadlallah entgeht dem Attentat.

Internationaler Tag für die Rechte der Frau und den Weltfrieden[1]

9
So

1) Gesetzlicher Feiertag in Berlin und Mecklenburg-Vorpommern

Wer zugibt, dass er Unrecht hat, beweist, dass er gescheiter geworden ist.

Marlene Dietrich, 1901-1992,
deutsch-amerikanische Schauspielerin
und Sängerin

M

10
Mo

11
Di

12
Mi

13
Do

M

Purim[1)]

14
Fr

☺

15.03.2019, Hongkong: Tausende von Menschen protestieren gegen ein vorgeschlagenes Auslieferungsgesetz an Festlandchina – der Beginn einer Massenprotestbewegung, die auf weitreichendere demokratische Reformen und den Schutz der Autonomie Hongkongs abzielt.

15
Sa

16
So

1) Jüdisches Fest

Wenn du wissen willst, wer dich beherrscht, musst du nur herausfinden, wen du nicht kritisieren darfst.

Voltaire, 1694-1778,
französischer Autor

M

17
Mo

18
Di

19
Mi

19.03.1911, Europa: Unter anderem in Deutschland, Österreich, Dänemark und der Schweiz versammeln sich Millionen von Frauen und Männern und protestieren für das Frauenwahlrecht und für Gleichberechtigung.

20 Do

Frühlingsanfang

M

21 Fr

21.03.1960, Südafrika: Beim Massaker von Sharpeville schießt die Polizei auf friedliche Demonstrierende, die gegen die Passgesetze des Apartheidregimes protestieren, und tötet dabei 69 Menschen. Es erregte internationale Aufmerksamkeit und gilt als Wendepunkt in der Apartheidsgeschichte Südafrikas.

Internationaler Tag zur Beseitigung der Rassendiskriminierung

22 Sa

☾

23 So

Niemand konnte einen größeren Fehler machen, als der, der nichts tat, weil er nur ein wenig tun konnte.

Edmund Burke, 1729-1797,
irisch-britischer Schriftsteller und Politiker

M

24
Mo

25
Di

26
Mi

26.03.2015, Jemen: Eine saudi-arabisch geführte Militärallianz beginnt eine Offensive im vom Bürgerkrieg gezeichneten Jemen und eskaliert den Konflikt zu einem andauernden Krieg mit mehreren beteiligten Staaten.

27
Do

M

28
Fr

29.03.2020, Russland: Bei zwei Terroranschlägen in der Moskauer Metro werden 40 Menschen getötet und Dutzende zum Teil schwer verletzt.

29
Sa

☻

Beginn der Sommerzeit

30
So

März/April 2025

Das ewige Kreuz mit den Weltverbesserern ist, dass sie nie bei sich selbst anfangen.

Thornton Wilder, 1897-1975,
US-amerikanischer Schriftsteller

M

A

Eid al-Fitr[1)]

31
Mo

1
Di

2
Mi

02.04.2015, Kenia: Bei einem Anschlag auf das *Garissa University College* durch die islamistische Al-Shabaab-Miliz werden in Garissa nahezu 150 Menschen getötet und zahlreiche Personen verletzt.

1) Fest des Fastenbrechens, drei Tage, islamisches Fest

3 Do

A

4 Fr

5 Sa ☽

06.04.2024, Ungarn: Zehntausende Menschen protestierten in der Budapester Innenstadt gegen die rechtskonservative Regierung von Viktor Orbán.

6 So

*Das Leben beginnt dort,
wo die Furcht endet.*

*Osho, 1931-1990,
indischer Philosoph*

A

07.04.2015, Russland: Mit einem Hungerstreik erzwingen auf der Großbaustelle des neuen russischen Weltraumbahnhofs Wostotschny in der Region Amur eingesetzte Arbeiter*innen die Auszahlung monatelang ausstehender Löhne.

7
Mo

8
Di

9
Mi

10 Do

A

11.04.1945, Deutschland: Das KZ Buchenwald wird von alliierten Truppen befreit.

11 Fr

12 Sa

13 So ☺

Pessach[1]
Palmsonntag

1) Acht Tage, jüdisches Fest

Beim Menschen ist kein Ding unmöglich,
im Schlimmen wie im Guten.

Christian Morgenstern, 1871-1914,
deutscher Dichter, Schriftsteller und Übersetzer

A

14
Mo

15
Di

16
Mi

17 Do

17.04.1975, Kambodscha: Die Roten Khmer erobern die Hauptstadt Phnom Penh – Beginn eines brutalen Regimes, das Millionen Menschen durch Zwangsarbeit, Hunger und Hinrichtungen das Leben kostet.

A

18 Fr

Karfreitag

19 Sa

20 So

20.04.2010, Argentinien: Der letzte Chef der Militärjunta, General Reynaldo Bignone, wird vom Bundesgericht wegen Menschenrechtsverbrechen in 56 Fällen zu 25 Jahren Haft verurteilt.

Ostersonntag

Wer sich nicht bewegt, der spürt auch seine Fesseln nicht.

Rosa Luxemburg, 1850-1919,
jüdische, polnische Politikerin

A

21 Mo ☾

Ostermontag

22 Di

23 Mi

23.04.2015, Berlin: Amnesty-Aktivist*innen fordern gemeinsam mit der damaligen Amnesty-Generalsekretärin Selmin Çalışkan vor dem Kanzleramt sichere Zugangswege für Geflüchtete.

Jom Haschoa[1)]

1) jüdischer Holocaust-Gedenktag

24.04.1915, Istanbul (damals Konstantinopel): Razzien gegen armenische Intellektuelle läuten den Völkermord an den Armenier*innen im Osmanischen Reich ein.

24
Do

A

25
Fr

26
Sa

27
So
☻

April 2025

Die lieben, klugen Opfer in den Hütten verwandeln sich immer wieder in böse, dumme Verbrecher, sobald sie in die Paläste ziehen.

George Tabori, 1914-2007,
ungarischer Drehbuchautor

A

28.04.2015, Indonesien: Die indonesische Regierung lässt acht wegen Drogenschmuggels verurteilte Personen auf der Gefängnisinsel Nusakambangan hinrichten.

28
Mo

29
Di

30
Mi

Tag der Arbeit

1 Do

2 Fr

M

03.05.2015, Burundi: Bei anhaltenden Unruhen wegen der Kandidatur von Staatspräsident Pierre Nkurunziza für eine umstrittene dritte Amtszeit sterben mindestens zwölf Menschen.

Welttag der Pressefreiheit

3 Sa

4 So

☽

Um einen Staat zu beurteilen, muss man seine Gefängnisse von innen ansehen.

Leo Tolstoi, 1828-1910,
russischer Schriftsteller

5
Mo
M

05.05.2010, Griechenland: Im Verlauf eines 24-stündigen Generalstreiks in Athen und anderen Städten gegen die Sparmaßnahmen aufgrund der griechischen Finanzkrise kommt es bei Protesten zu massiven Ausschreitungen.

6
Di

7
Mi

08.05.1945, Deutschland: 80. Jahrestag der Beendigung des Zweiten Weltkriegs und Sieg über den Nationalsozialismus.

8 Do

9 Fr

M

10 Sa

Muttertag

11 So

Das Recht ist die Waffe der Schwachen.

Gustav Heinemann, 1899-1976,
ehemaliger deutscher Bundespräsident

12
Mo

M

☺

Vesakh[1)]

13
Di

13.05.2024, Georgien: Anlässlich der Abstimmung über ein umstrittenes Gesetz protestieren landesweit, vor allem aber in der Hauptstadt Tiflis, Zehntausende Menschen, wobei es zu massiver Polizeigewalt kommt.

14
Mi

1) Geburtstag Buddhas, buddhistisches Fest

15 Do

16 Fr

M

17 Sa

18 So

Mai 2025

Aug' um Aug' und die ganze Welt wird blind sein.

Mahatma Gandhi, 1869-19
indischer Rechtsanw
Politiker und Reforn

19
Mo
M

19.05.1925, USA: Der spätere Anführer der Schwarzenbewegung in den USA, Malcom X, wird als Malcom Little in Omaha, Nebraska geboren.

20
Di
☾

20.05.2024, Den Haag: Der Chefankläger des Internationalen Strafgerichtshofs beantragt einen Haftbefehl gegen den israelischen Ministerpräsidenten Benjamin Netanjahu sowie gegen Verteidigungsminister Joaw Galant und die drei Hamas-Führer Yahya Sinwar, Mohammed Deif und Ismail Haniyya.

21
Mi

22
Do

23
Fr

M

24
Sa

24.05.2023, Deutschland: Die Polizei führt bundesweit Razzien bei Mitgliedern der Klimaprotestbewegungen Letzte Generation und Fridays For Future durch.

25
So

25.05.2020, USA: Der Schwarze US-Amerikaner George Floyd stirbt in Minneapolis, nachdem ein Polizist neun Minuten lang auf seinem Hals gekniet hatte. Auf die Tat folgen weltweit große „Black Lives Matter"-Proteste gegen Rassismus und Polizeigewalt.

Welches ist der beste Staat? Der, in dem die Nichtbetroffenen ebenso empört über ein Unrecht sind wie die Betroffenen.

Solon, ca. 639-559 v. Chr.,
griechischer Staatsmann

26
Mo
M

27
Di
☻

27.05.1980, Südkorea: Das Militär geht in Gwanju gewaltsam gegen pro-demokratische Protestierende vor und tötet dabei mehrere hundert Menschen.

28
Mi

28.05.2013, Istanbul: Erstmals protestieren Menschen gegen die Umwandlung des Gezi-Parks in ein Einkaufszentrum. Die Proteste entwickeln sich schnell zu landesweiten Demonstrationen gegen die Erdoğan-Regierung, wobei es oftmals zu Polizeigewalt kommt.

Christi Himmelfahrt

29
Do

30
Fr

M

Jn

31
Sa

Weltkindertag (Thüringen)

1
So

Juni 2025

Lasst uns genau hier, genau jetzt eine bessere Zukunft bauen!

Malala Yousafzai, geb.1997,
pakistanische Kinderrechtsaktivistin
und Trägerin des Friedensnobelpreises

2
Mo

Shawuot[1)]

Jn

3
Di

☽

4
Mi

04.06.1989, China: Das chinesische Militär schlägt gewaltsam pro-demokratische Proteste auf dem Tian'anmen-Platz in Peking nieder und tötet dabei Hunderte, möglicherweise sogar Tausende Menschen. Das Vorgehen wird heute als Tian'anmen-Massaker bezeichnet.

1) Wochenfest, zwei Tage, jüdisches Fest

5
Do

Eid ul-Adha[1)]

6
Fr

Jn

07.06.2010, Portugal: Rund drei Wochen nach der Legalisierung der gleichgeschlechtlichen Ehe im Land feiern Helena Paixão und Teresa Pires als erstes homosexuelles Paar ihre standesamtliche Trauung.

7
Sa

Pfingstsonntag

8
So

1) Opferfest, vier Tage, islamisches Fest

Juni 2025

Beide sind Menschen: Der in der Sänfte sitzt und der sie trägt.

Sprichwort aus Hongkong

9 Mo

Pfingstmontag

Jn

10 Di

11 Mi ☺

11.06.2000, Deutschland: Im Stadtpark Dessau wird der Mosambikaner Alberto Adriano von drei Neonazis so stark zusammengeschlagen, dass er drei Tage später verstirbt.

12
Do

13
Fr

Jn

14.06.1940, Polen (damals besetzt durch das NS-Regime): Der erste Häftlingstransport erreicht das neu errichtete Konzentrationslager Auschwitz. Hier sterben bis zum Ende des NS-Regimes über eine Million Menschen.

14
Sa

15
So

Wenn du denkst, dass du zu klein bist, um irgendetwas auszurichten, versuch doch mal, mit einem Moskito in einem geschlossenen Raum zu schlafen.

Eckart von Hirschhausen, geb. 1967,
deutscher Kabarettist und Arzt

16
Mo

Jn

17
Di

17.06.1953, Ost-Berlin & DDR: Ausgelöst durch Arbeitsnormerhöhungen und politische Unterdrückung kommt es in der DDR zum weitgehend friedlichen Volksaufstand, der allerdings brutal niedergeschlagen wird. Die BRD macht den Tag danach bis zur Wiedervereinigung zum Feiertag.

Gedenktag des Arbeiteraufstands
in der DDR 1953

18
Mi

☾

Fronleichnam[1)]

19
Do

20.06.1930, Libyen: Der italienische Marschall Badoglio befiehlt die Vernichtung der Bevölkerung in der Cyrenaika im zweiten Italienisch-Lybischen Krieg und läutet damit einen Völkermord mit massenhaften Deportationen und Todesmärschen ein.

20
Fr

Sommeranfang

21
Sa

22
So

1) Gesetzlicher Feiertag in Baden-Württemberg, Bayern, Hessen, Nordrhein-Westfalen, Rheinland-Pfalz, Saarland, Sachsen (teilw.)

Was moralisch falsch ist,
kann nicht politisch richtig sein.

Gladstone, William Eward., 1809-1898,
ehemaliger britischer Premierminister

23 Mo

Nationalfeiertag in Luxemburg

Jn

24 Di

25 Mi ☻

25.06.1950, Südkorea: Nordkoreanische Truppen greifen Südkorea an und lösen so den Koreakrieg aus. Es entsteht ein internationaler Konflikt, der die USA und seine Verbündeten auf Seiten Südkoreas gegen die Truppen Nordkoreas und später Chinas und der UdSSR brachte.

26 Do

26.06.1945, San Francisco/USA: Der internationale Gerichtshof wird gegründet, um Streitigkeiten zwischen Staaten auf der Grundlage des Völkerrechts beizulegen und als Hauptrechtsprechungsorgan der Vereinten Nationen zu fungieren.

Internationaler Tag zur Unterstützung der Opfer der Folter

27 Fr

Islamisches Neujahrsfest[1] (Beginn des Jahres 1447 n. H.)

Jn

28 Sa

28.06.1969, USA: Eine Razzia im LGBTQIA+-Treffpunkt Stonewall-Inn in der Christopher Street in New York City führt zu anschließenden Aufständen, welche einen entscheidenden Schritt im Kampf für die Rechte von queeren Personen darstellen.

29 So

1) n. H. = nach Hidschra (d. h. nach der Auswanderung des Propheten Mohammed von Mekka nach Medina im Jahr 622 n. Chr., dem Beginn der islamischen Zeitrechnung)

Juni/Juli 2025

Gestern war ich schlau
und wollte die Welt verändern.
Heute bin ich weise
und verändere mich selbst.

Dschalal ad-Din ar-Rumi, 1207-1273,
persischer Mystiker

30
Mo

Jn

Jl

1
Di

2
Mi
☽

03.07.2005, Spanien: Der Staat auf der iberischen Halbinsel erlaubt als drittes Land der Welt Ehe und Adoption für gleichgeschlechtliche Paare.

3
Do

4
Fr

Jl

5
Sa

Ashura[1)]

6
So

1) Fasten- und Rettungstag des Propheten Moses, islamisches Fest

Juli 2025

Ehe du anfängst, die Welt zu verändern, gehe dreimal durch dein eigenes Haus.

Chinesische Weisheit

7
Mo

07.07.1950, Südafrika: In Südafrika beginnt die Umsetzung des *Population Registration Act*. In diesem wurde die Bevölkerung als Grundlage für die Apartheidpolitik nach rassischen Kriterien kategorisiert und legte die Rechte und Pflichten der verschiedenen Rassengruppen fest.

Jl

8
Di

9
Mi

09.07.2022, Sri Lanka: Tausende Menschen stürmen das Präsidialgebäude und fordern den Rücktritt von Präsident Gotabaya Rajapaksa, um gegen die schwere wirtschaftliche Krise und Misswirtschaft zu protestieren.

10
Do
☺

11
Fr

11.07.1995, Bosnien: Nach der Einnahme der Enklave Srebrenica durch bosnische Serb*innen kommt es zu Selektionen und Massakern an der muslimischen Bevölkerung (UNO-Schätzung: 7000 Opfer).

Weltbevölkerungstag

Jl

12
Sa

13
So

Kannst du kein Stern am Himmel sein,
so sei eine Lampe im Haus.

Arabisches Sprichwort

14
Mo

Jl

15
Di

16
Mi

17 Do

18.07.2020, Thailand: Tausende Menschen, vorwiegend junge Aktivist*innen, protestieren erstmals gegen die Regierung von Premierminister Prayuth Chan-o-cha und fordern demokratische Reformen, einschließlich der Einschränkung der Macht des Militärs und der Monarchie. Es kommt zu Polizeigewalt und willkürlichen Festnahmen.

18 Fr ☾

19.07.1950, Deutschland: Der Zentralrat der Juden in Deutschland gründet sich, um die Interessen der jüdischen Gemeinschaft in Deutschland zu vertreten, die Nachkriegsorganisation des jüdischen Lebens zu unterstützen und den Wiederaufbau jüdischer Gemeinden zu fördern.

19 Sa

20.07.2015, Türkei: Bei einem Selbstmordattentat kommen in Suruç 32 Menschen ums Leben und mehr als 100 werden verletzt. In den Folgetagen kommt es in der Türkei landesweit zu Protesten gegen die Regierung.

20 So

Nicht böse Schlepper und Schleuser haben Schuld an den Flüchtlingsdramen, sondern unsere Migrationspolitik.

Jörg Alt, geb. 1961,
deutscher Jesuitenpater

21
Mo

Jl

22.07.2016, München: Ein rechtsextremer Täter erschießt im und am Olympia-Einkaufszentrum neun Menschen. Jährlich protestieren am Jahrestag Angehörige und Aktivist*innen für bessere Aufarbeitung und Prävention rechter Attentate in Deutschland.

22
Di

23
Mi

24 Do ☻

25 Fr

Jl

26 Sa

27 So

27.07.1955, Österreich: Mit dem Inkrafttreten des Staatsvertrags erlangt die Republik Österreich ihre Souveränität zurück.

Man muss etwas machen, um selbst keine Schuld zu haben. Dazu brauchen wir einen harten Geist und ein weiches Herz. Wir haben alle unsere Maßstäbe in uns selbst, nur suchen wir sie zu wenig.

Sophie Scholl, 1921-1943,
deutsche Widerstandskämpferin der Weißen Rose

28
Mo

28.07.2005, Nordirland: Die Irisch-Republikanische Armee (IRA) gibt ihren bewaffneten Kampf für die Vereinigung Irlands auf, den sie seit 1970 führte.

Jl

29
Di

30
Mi

30.07.2005, Ägypten: In der Innenstadt von Kairo wird eine Kundgebung von Gegner*innen des ägyptischen Präsidenten Muhammad Husni Mubarak gewaltsam beendet.

31
Do

Bundesfeier in der Schweiz

1
Fr
☽

Jl
A

2
Sa

3
So

August 2025

Um ein tadelloses Mitglied einer Schafherde sein zu können, muss man vor allem ein Schaf sein.

Albert Einstein, 1879-1955,
deutscher Physiker

4
Mo

5
Di

A

6
Mi

06.08.1945, Japan: Die USA wirft eine Atombombe auf die japanische Stadt Hiroshima ab, was zu massiver Zerstörung, dem Tod von etwa 140.000 Menschen und langfristigen gesundheitlichen Folgen führt. Es ist der erste Einsatz atomarer Waffen gegen Menschen in der Geschichte.

7
Do

Augsburger Friedensfest[1]

8
Fr

09.08.2020, Belarus: Zehntausende Menschen gehen nach der umstrittenen Wiederwahl von Präsident Alexander Lukaschenko auf die Straßen, um gegen Wahlfälschungen und Polizeigewalt zu demonstrieren.

9
Sa

A

☺

10.08.2014, USA: Nachdem am Vortag der unbewaffnete schwarze Teenager Michael Brown in Fergusson, Missouri, von einem Polizisten erschossen wurde, finden landesweite Demonstrationen gegen Polizeigewalt und Rassismus statt, die danach noch mehrere Wochen andauern.

10
So

1) Gesetzlicher Feiertag im Stadtkreis von Augsburg

August 2025

Einem Menschen seine Menschenrechte verweigern bedeutet, ihn in seiner Menschlichkeit zu missachten.

Nelson Mandela, 1918-2013,
erster schwarzer Präsident Südafrikas
und Anti-Apartheid-Aktivist

11
Mo

12
Di

12.08.2005, Deutschland: In Barbing bei Regensburg kommt es zu einer Bombenexplosion. Nach Ermittlungen hatte ein 67-jähriger Mann aus München einen Anschlag auf einen türkischen Staatsangehörigen geplant und sich dabei selbst in die Luft gesprengt.

A

13
Mi

14
Do

Mariä Himmelfahrt[1)]

15
Fr

16.08.2005, Taizé/Frankreich: Der 90-jährige Gründer der ökumenischen Glaubensgemeinschaft, Frère Roger, wird während eines abendlichen Gottesdienstes von einer geistig verwirrten Rumänin erstochen.

16
Sa

A

☾

17
So

1) Gesetzlicher Feiertag in Bayern (teilw.), Saarland, Österreich, Schweiz (teilw.), Luxemburg

August 2025

Der Friede ist das Meisterwerk der Vernunft.

Immanuel Kant, 1724-1804,
deutscher Philosoph

18
Mo

19
Di

A

19.08.1965, Frankfurt: Im Rahmen des Frankfurter Auschwitz-Prozesses werden mehrere ehemalige SS-Wachleute wegen ihrer Beteiligung an Verbrechen im Konzentrationslager Auschwitz verurteilt, darunter auch der Lagerkommandant Richard Baer.

20
Mi

20.08.2018, Stockholm: Die damals 15-jährige Greta Thunberg begeht ihren ersten Schulstreik vor dem schwedischen Parlament, um auf die Klimakrise aufmerksam zu machen und setzt damit den Grundstein für die spätere weltweite Klimabewegung Fridays For Future.

21
Do

22
Fr

23
Sa

A

☻

24
So

Es nützt nichts, nur ein guter Mensch zu sein, wenn man nichts tut!

Buddha Siddhartha Gautama, 563-483 v. Chr.,

25
Mo

25.08.2018, Istanbul: Die 700. friedliche Kundgebung der sogenannten Samstagsmütter wird von den türkischen Sicherheitskräften gewaltsam und mit Wasserwerfern und Tränengas aufgelöst.

26
Di

A

27
Mi

28 Do

28.08.1963, USA: Über 250.000 Menschen, angeführt von Martin Luther King Jr., kommen zum Marsch auf Washington zusammen, um für Bürgerrechte und Gleichstellung zu protestieren. King hält hier seine berühmte Rede „I Have a Dream“.

29 Fr

30 Sa

Internationaler Tag der Verschwundenen

A

31 So

☽

September 2025

Die Freiheit braucht Menschen, die sich für sie einsetzen.

Önder Demir, geb. 1976,
deutscher Autor

1
Mo

2
Di

02.09.1945, Japan: Die letzten zwischenstaatlichen Feindseligkeiten des Zweiten Weltkrieges enden, als Japan formell kapituliert und die Bedingungen der Kapitulation auf dem Schlachtschiff USS Missouri in der Bucht von Tokio unterzeichnet.

S

3
Mi

04.09.1989, DDR: In Leipzig findet der erste Montagsmarsch statt und markiert den Beginn einer Serie von friedlichen Protesten gegen das Regime, die später eine entscheidende Rolle beim Zusammenbruch der DDR spielen.

4
Do

05.09.2015, Berlin: Unter dem Motto "BND an die Kette" protestieren Amnesty-Aktivist*innen gemeinsam mit anderen Organisationen gegen die massenhafte Überwachung durch Geheimdienste, in die auch der Bundesnachrichtendienst verstrickt ist.

Mevlid[1]

5
Fr

6
Sa

S

7
So

☺

1) Geburtstag des Propheten Mohammed, islamisches Fest,

Es hilft nichts, das Recht auf seiner Seite zu haben. Man muss auch mit der Justiz rechnen.

Dieter Hildebrandt, 1927-2013,
deutscher Kabarettist, Schauspieler und Buchautor

8
Mo

9
Di

S

10
Mi

11
Do

12
Fr

12.09.2000, Niederlande: Das Parlament stimmt für die Gleichstellung der eingetragenen Partnerschaften homosexueller Paare mit der Zivilehe zwischen heterosexuellen Paaren. Damit ermöglicht das Land ab Anfang 2001 als erster Staat weltweit die Ehe für alle.

13
Sa

13.09.2018, Deutschland: 3000 Polizeikräfte räumen den Hambacher Forst in Nordrhein-Westfalen. Dieser war zuvor von Aktivist*innen besetzt worden, die gegen die Rodung des Waldes zum Abbau von Braunkohle protestieren.

S

14
So
☾

Friede ist nicht die Abwesenheit von Krieg: Friede ist eine Tugend, eine Geisteshaltung, eine Neigung zu Güte, Vertrauen und Gerechtigkeit.

Baruch de Spinoza, 1632-1677,
niederländischer Philosoph

15
Mo

16
Di

16.09.2022, Saqqez/Iran: Jina Mahsa Amini stirbt nach ihrer Festnahme durch die Sittenpolizei, weil sie angeblich die strikte Kleiderordnung für Frauen missachtet hatte. Es folgen weitreichende Proteste gegen das autoritäre Regime und für die Freiheit von Frauen im Iran – das Regime versucht diese mit brutalen Mitteln zu unterbinden.

S

17
Mi

17.09.2011, USA: Erstmals gehen Menschen im Rahmen der Occupy-Proteste auf die Straße, die sich gegen wirtschaftliche Ungleichheit und die Macht der Finanzelite richten.

18 Do

19 Fr

20 Sa

S

21 So

☻

Als der Krieg aus war, kam der Soldat nach Hause. Aber er hatte kein Brot. Da sah er einen, der hatte Brot. Den schlug er tot. Du darfst doch keinen totschlagen, sagte der Richter. Warum nicht, fragte der Soldat.

Wolfgang Borchert, 1921-1947,
deutscher Schriftsteller

22
Mo

22.09.1995, Sri Lanka: Im Bürgerkrieg zwischen Tamil*innen und Singhales*innen sterben in dem Dorf Nagar Kovil mehrere Kinder in der örtlichen Schule durch eine Bombe, die die Streitkräfte des Landes über der Siedlung abwarfen.

Herbstanfang

23
Di

Rosch ha-Schana1)

S

24
Mi

1) Zwei Tage, jüdisches Neujahrsfest (Beginn des Jahres 5786)

25
Do

26
Fr

26.09.1980, Deutschland: Ein rechtsextremer Attentäter lässt am Münchener Oktoberfestgelände eine Bombe explodieren. 13 Menschen sterben und über 200 werden verletzt.

27
Sa

S

28
So

Gewalt ist die letzte Zuflucht der Unfähigen.

Isaac Asimov, 1920-1992,
US-amerikanischer Biochemiker und Schriftsteller

29
Mo

30
Di
☽

30.09.2010, Deutschland: Eine Bürgerbewegung gegen das Bauprojekt Stuttgart 21 formiert sich und protestiert gegen das Bauvorhaben eines unterirdischen Durchgangsbahnhofs in Stuttgart.

S

O

01.10.2019, Irak: Landesweit protestieren Menschen gegen die Regierung wegen weit verbreiteter Korruption, wirtschaftlicher Missstände und politischer Unterdrückung.

1
Mi

Oktober 2025

Jom Kippur[1]

2
Do

Tag der Deutschen Einheit

3
Fr

4
Sa

Erntedankfest

O

5
So

1) Versöhnungstag, jüdisches Fest

Kauft Frieden, er ist bald alle ...

Graffito

6
Mo

7
Di
☺

07.10.2019, Chile: Es kommt zu weitreichenden Protesten, die durch die Erhöhung der U-Bahn-Fahrpreise ausgelöst wurden und sich in der Folgezeit schnell zu einer breiteren Bewegung gegen soziale Ungleichheit, wirtschaftliche Ungerechtigkeit und staatliche Unterdrückung entwickeln.

Sukkot[1)]

○
8
Mi

08.10.2020, Nigeria: Beginn einer landesweiten Bewegung gegen Polizeibrutalität und für die Abschaffung der Special Anti-Robbery Squad (SARS).

1) Laubhüttenfest, 8 Tage, jüdisches Fest

9
Do

10
Fr

10.10.2015, Türkei: Bei einem Anschlag sterben in der türkischen Hauptstadt Ankara mindestens 102 Menschen und mehr als 500 werden verletzt.

Internationaler Tag gegen die Todesstrafe

11
Sa

12
So

Je mehr Bürger mit Zivilcourage ein Land hat, desto weniger Helden wird es einmal brauchen.

Franca Magnani, 1925-1996,
italienische Journalistin und Schriftstellerin

13
Mo
☾

14
Di

O

15.10.2005, USA: Im Bundesstaat Ohio kommt es zu Unruhen, als bei einer Demonstration das rechtsextreme National Socialist Movement und Gegendemonstrierende zusammenstoßen. Dabei setzt die örtliche Polizei Tränengas hauptsächlich gegen letztere ein.

15
Mi
134

Simchat Tora[1)]

1) Fest der Gesetzesfreude, jüdisches Fest

16
Do

17
Fr

17.10.2019, Libanon: Aktivist*innen gehen als Reaktion auf eine geplante Steuer auf WhatsApp-Nachrichten auf die Straße. Die Proteste entwickeln sich in der Folgezeit zu einer landesweiten Bewegung gegen die weit verbreitete Korruption, wirtschaftliche Missstände und politische Eliten.

18
Sa

O

19
So

So ist das Leben: Mal verliert man, mal gewinnen die anderen.

Sprichwort

20
Mo

21
Di
☻

21.10.1967, USA: 100.000 Amerikaner*innen versammeln sich erstmals vor dem Pentagon in Washington, um gegen den Krieg in Vietnam zu protestieren. Eine weitreichende Friedensbewegung beginnt.

Diwali[1)]

O

22
Mi

22.10.2020, Polen: Die polnische Regierung verabschiedet ein umstrittenes Gesetz, das Abtreibungen nahezu vollkommen verbietet. Es folgen massive landesweite Proteste.

1) Lichterfest, hinduistisches Fest

23
Do

24.10.1945: Die Charta der Vereinten Nationen (UN-Charta), der Gründungsvertrag der Vereinten Nationen, tritt in Kraft.

24
Fr

25
Sa

Nationalfeiertag in Österreich
Ende der Sommerzeit

O

26
So

Oktober 2025

Mir imponieren nur die Ratschläge, die der Ratgebende selbst beherzigt.

Rosa Luxemburg, 1870-1919,
deutsche sozialistische Politikerin polnischer Herkunft

27
Mo

28
Di

28.10.2015, Türkei: Wenige Tage vor der Parlamentswahl lässt die Regierung um Präsident Erdoğan Polizeikräfte massiv gegen regierungskritische Medien vorgehen. Dabei werden Zeitungsredaktionen besetzt und der Betrieb zweier Fernsehsender unterbunden.

O

29
Mi
☽

1) Gesetzlicher Feiertag in Brandenburg, Bremen, Hamburg, Mecklenburg-Vorpommern, Niedersachsen, Sachsen, Sachsen-Anhalt, Schleswig-Holstein, Thüringen

30
Do

Reformationstag[1)]

31
Fr

01.11.2005, Äthiopien: In der äthiopischen Hauptstadt Addis Abeba sterben bei Unruhen sechs Menschen, 36 weitere werden verletzt. Die Opposition rief zu Protesten gegen das Ergebnis der Parlamentswahlen auf.

Allerheiligen[2)]

1
Sa

2) Gesetzlicher Feiertag in Baden-Württemberg, Bayern, Nordrhein-Westfalen, Rheinland-Pfalz, Saarland, Österreich, Schweiz (teilw.), Luxemburg

2
So

Wer A sagt, muss nicht B sagen.
Er kann auch erkennen, dass A falsch war.

Bertolt Brecht, 1898-1956,
deutscher Dramatiker und Lyriker

3
Mo

4
Di

04.11.1950, Rom: Die Europäische Menschenrechtskonvention (EMRK) wird unterzeichnet. Sie enthält einen Katalog von Grund- und Menschenrechten, der im Rahmen des Europarates ausgearbeitet wurde und feiert heute ihren 75. Geburtstag.

5
Mi

N

☺

6
Do

7
Fr

8
Sa

9
So

N

November 2025

Das Recht stirbt dort, wo das Unrecht diskutabel wird.

Thomas S. Lutter, geb. 1962,
deutscher Lyriker und Musiker

10
Mo

11
Di

12
Mi
N
☾

12.11.2015, Libanon: Bei einem Bombenanschlag auf eine schiitische Moschee in Beirut kommen über 40 Menschen um und mehr als 200 werden verletzt. Zu dem Anschlag bekennt sich der Islamische Staat.

13.11.2015, Frankreich: In Paris kommt es simultan zu mehreren schweren terroristischen Angriffen, die 130 Todesopfer und 352 Verletzte fordern.

13 Do

14 Fr

15 Sa

Internationaler Tag der Toleranz
Volkstrauertag

16 So

N

Wie soll ich glauben, was du sagst, wenn ich sehe, was du machst?

Unbekannt

17
Mo

18
Di

19
Mi

Buß- und Bettag[1)]

N

1) Gesetzlicher Feiertag in Sachsen

20.11.2015, Mali: Bei einer Geiselnahme in einem Hotel in der malischen Hauptstadt Bamako werden mindestens 20 Menschen getötet.

20 Do

21.11.2019, Kolumbien: Zehntausende Menschen protestieren gegen verschiedene soziale und wirtschaftliche Missstände, darunter Korruption, Ungleichheit und die Verschlechterung der Lebensbedingungen.

21 Fr

22 Sa

Totensonntag

23 So

N

November 2025

Nichts ist so beständig wie der Wandel.

Heraklit, ca. 520-460 v. Chr.,
griechischer Philosoph

24
Mo

25
Di

25.11.2010, Tonga: Bei der ersten demokratischen Parlamentswahl seit 165 Jahren gewinnt die "Demokratische Partei der freundlichen Inseln" zwölf der 17 bürgerlichen Sitze, während neun weitere Sitze Adligen vorbehalten bleiben.

Internationaler Tag für die Beseitigung der Gewalt gegen Frauen

26
Mi

N

27 Do

28 Fr ☽

29 Sa

30 So

Welttag „Städte für das Leben – Städte gegen die Todesstrafe“
1. Advent

N

Dezember 2025

Jeder ist vor dem Gesetz gleich. Das Nähere regeln Ausländergesetze, Parteibuch, Alter und Dienstgrad.

Gerd Wollschon, 1944-2012,
deutscher Kabarettist und Schriftsteller

1
Mo

01.12.2013, Ukraine: Mehrere Hunderttausend Menschen demonstrieren in der Hauptstadt Kiew und anderen Städten gegen die ihrer Meinung nach EU-feindliche Politik des damaligen Präsidenten Wiktor Janukowytsch.

2
Di

02.12.2015, USA: Bei einem Anschlag während einer Weihnachtsfeier sterben im kalifornischen San Bernardino einschließlich der beiden Täter 16 Personen.

Internationaler Tag für die Abschaffung der Sklaverei

3
Mi

4 Do

5 Fr ☺

Nikolaustag 6 Sa

2. Advent 7 So

Dezember 2025

Die wichtigste Eigenschaft eines Staates ist, dass man ihn verlassen kann. Wenn das nicht der Fall ist, wird der Staat zur Hölle.

Ephraim Kishon, 1924-2005,
israelischer Schriftsteller und Journalist

8
Mo

Mariä Empfängnis[1)]
Bodhi-Tag[2)]

9
Di

10
Mi

10.12.2020, Bhutan: Das Parlament schafft die Strafe für Homosexualität ab.

Internationaler Tag der Menschenrechte

1) Gesetzlicher Feiertag in Österreich, Schweiz (teilw.),
2) Buddhas Erleuchtung, buddhistisches Fest

11 Do ☾

12 Fr

13 Sa

14.12.1995, Paris: Mit der Unterzeichnung des Friedensabkommens von Dayton wird der Krieg in Bosnien, dem seit April 1992 rund 200.000 Menschen zum Opfer gefallen waren, beendet.

3. Advent

14 So

D

Mit einer geballten Faust kann man keine Hand schütteln.

Indira Ghandi, 1917-1984, indische Politikerin

15 Mo

15.12.2015, Frankreich: Bei der UN-Klimakonferenz in Paris im Dezember 2015 einigen sich 197 Staaten auf ein neues, globales Klimaschutzabkommen.

Chanukka[1)]

16 Di

17 Mi

17.12.2010, Tunesien: Massenunruhen gegen die Regierung von Staatsoberhaupt Zine el-Abidine Ben Ali greifen in den nächsten Monaten auf etliche Staaten in Nordafrika und den Nahen Osten über. Der "Arabische Frühling" hat begonnen.

1) Tempelweihfest, acht Tage, jüdisches Fest

Dezember 2025

51. Woche

18
Do

19
Fr

20
Sa
☻

4. Advent
Winteranfang

21
So

D

Dezember 2025

Die Presse muss die Freiheit haben, alles zu sagen, damit gewisse Leute nicht die Freiheit haben, alles zu tun.

Alain Peyrefitte, 1925–1999,
französischer Diplomat, Politiker und Schriftsteller

22
Mo

23
Di

23.12.2020, Äthiopien: Bei einem durch Gumuz-Milizen an Mitgliedern anderer ethnischer Gruppen verübten Massaker in der Metekel-Zone sterben mindestens 100 Menschen.

24
Mi

Heiligabend

1. Weihnachtstag

25 Do

2. Weihnachtstag

26 Fr

27 Sa ☽

28.12.1970: Die Generalversammlung der Vereinten Nationen nimmt eine Resolution über die Menschenrechte in bewaffneten Konflikten an.

28 So

Dezember 2025

J

Willst du den Charakter eines Menschen erkennen, so gib ihm Macht.

Abraham Lincoln, 1809-1865,
16. Präsident der Vereinigten Staaten von Amerika

29
Mo

30
Di

30.12.2020, Uganda: Der Oppositionsführer und Aktivist Bobi Wine wird zum wiederholten Male während des Wahlkampfs um die Präsidentschaftswahl verhaftet, nachdem er Kundgebungen gegen die amtierende Regierung abgehalten hatte. Bei den Protesten war die Polizei immer wieder brutal vorgegangen und hatte bereits Menschen getötet.

31
Mi

Silvester

D

Neujahr

J

1 Do

2 Fr

3 Sa ☺

4 So

Amnesty-Bezirksbüros in Deutschland

PLZ-Bereich 0....

Bezirk Sachsen
www.amnesty-sachsen.de
Chemnitzer Str. 59b, 01187 Dresden
0351/79694650
bezirk@amnesty-sachsen.de

Bezirk Thüringen
www.amnesty-thueringen.de
c/o International Room
Johannisplatz 26, 07743 Jena
info@amnesty-thueringen.de

PLZ-Bereich 1....

Bezirk Berlin-Brandenburg
www.amnesty-bb.de
Greifswalder Str. 4 (II. Hof, Aufgang A, 3. Stock), 10405 Berlin
Tel.: 030/84 10 90 52
info@amnesty-bb.de

Bezirk Mecklenburg-Vorpommern
www.amnesty-greifswald.de
www.amnesty-rostock.de
www.amnesty-schwerin.de
Der Bezirk unterhält kein Bezirksbüro.
info@amnesty.de

PLZ-Bereich 2....

Bezirk Hamburg
www.amnesty-hamburg.de
Kleine Seilerstr. 1, 20359 Hamburg
Tel.: 040/220 77 47
Fax: 040/220 77 40
bezirk@amnesty-hamburg.de

Bezirk Lübeck
www.amnesty-luebeck.de
Wahmstr. 43-45, 23552 Lübeck
info@amnesty-luebeck.de

Bezirk Kiel-Flensburg
www.amnesty-kiel.de
Büro Kiel, Bremer Str. 2, 24118 Kiel
Tel.: 0431/8 69 88 (AB)
Fax: 0431/8 79 00
office@amnesty-kiel.de

Büro Flensburg
Amnesty International
c/o Initiativenzentrum, Burgplatz 1
24939 Flensburg
www.amnesty-flensburg.de

Bezirk Bremen Weser-Ems
www.amnesty-bremen.de
c/o Villa Ichon, Goetheplatz 4, 28203 Bremen
Tel.: 0421/32 79 37
Fax: 0421/337 81 78
info@amnesty-bremen.de

PLZ-Bereich 3....

Bezirk Hannover
www.ai-hannover.de
Fraunhoferstr. 15, 30163 Hannover
Tel.: 0511/66 72 63
Fax: 0511/39 29 09
info@ai-hannover.de

Bezirk Ostwestfalen-Lippe
www.amnesty-owl.de
Jöllenbecker Str. 103, 33613 Bielefeld
Tel.: 0521/967 94 40
Fax: 0521/967 94 41
bezirk@amnesty-owl.de

Bezirk Braunschweig
www.amnesty-braunschweig.de
c/o Udo Dittmann, Große Str. 9,
38116 Braunschweig
info@amnesty-braunschweig.de

Bezirk Kassel-Göttingen
www.ai-kassel.de
www.amnesty-goettingen.de
Der Bezirk unterhält kein Bezirksbüro.
Amnesty-Büro für Asylfragen
Migrationszentrum
Weender Str. 42, 37073 Göttingen

Bezirk Sachsen-Anhalt
www.amnesty-sachsen-anhalt.de
Schönebecker Str. 82-83, 39104 Magdeburg
info@amnesty-sachsen-anhalt.de

Bezirk Mittelhessen/Südwestfalen
www.amnesty-mittelhessen.de
Der Bezirk unterhält kein Bezirksbüro.
info@amnesty-mittelhessen.de

PLZ-Bereich 4....

Bezirk Düsseldorf
www.amnesty-duesseldorf.de
Grafenberger Allee 56, 40237 Düsseldorf
Tel.: 0211/479 25 57
info@amnesty-duesseldorf.de

Bezirk Duisburg-Oberhausen
www.amnesty-duisburg-oberhausen.de
Der Bezirk unterhält kein Bezirksbüro.
bezirkssprecher@ai-bezirk-duisburg-oberhausen.de

Bezirk Bergisches Land
www.amnesty-bergisches-land.de
Obergrünewalder Str. 32, 42103 Wuppertal
Tel.: 0202/8 74 21
Fax: 0202/8 17 05
ai3560@amnesty-bergisches-land.de

Bezirk Dortmund
www.ai-dortmund.de
Siegfriedstr. 12, 44137 Dortmund
Tel.: 0231/83 67 11
info@ai-dortmund.de

Bezirk Ruhrgebiet-Mitte
www.amnesty-ruhrmitte.de
c/o ProAsyl/Flüchtlingsrat Essen e.V.
Friedrich-Ebert-Str. 30, 45127 Essen
info@amnesty-ruhrmitte.de

Bezirk Münster-Osnabrück
www.amnesty-muenster-osnabrueck.de
Achtermannstr. 10-12, 48143 Münster
Tel.: 0160/2031326
bezirk@amnesty-muenster-osnabrueck.de

Bezirk Linker Niederrhein
www.amnesty-niederrhein.de
Der Bezirk unterhält kein Bezirksbüro.
info@amnesty-niederrhein.de

PLZ-Bereich 5....

Bezirk Köln
www.amnesty-koeln.de
Roonstr. 71, 50674 Köln
Tel.: 0221/12 14 15
Fax: 0221/12 15 63
info@amnesty-koeln.de

Bezirk Aachen
www.amnesty-aachen.de
Adalbertsteinweg 123a/b, 52070 Aachen
Tel./Fax: 0241/51 36 53
info@amnesty-aachen.de

Bezirk Bonn-Koblenz
www.amnesty-bonn.de
Heerstr. 30, 53111 Bonn
Tel.: 0228/965 31 91
mail@amnesty-bonn.de

Bezirk Mainz-Wiesbaden
www.amnesty-mainz.de
Kaiserstr. 26-30, 55116 Mainz
Tel. + Fax: 06131/61 18 20
info@amnesty-mainz.de

PLZ-Bereich 6....

Bezirk Frankfurt
www.amnesty-frankfurt.de
Leipziger Str. 17, 60487 Frankfurt
Tel.: 069/49 61 49
Fax: 069/490 92 12
mail@amnesty-frankfurt.de

Bezirk Darmstadt
www.amnesty-darmstadt.de
Prinz-Christians-Weg 11, 64287 Darmstadt
kontakt@amnesty-darmstadt.de

Bezirk Mosel-Saar-Westpfalz
www.amnesty-msw.de
Der Bezirk unterhält kein Bezirksbüro.
orga@amnesty-msw.de

Bezirk Rhein-Neckar
www.ai-rhein-neckar.de
Augustaanlage 53, 68165 Mannheim
Tel.: 0621/41 59 61
bezirk@ai-rhein-neckar.de

Bezirk Pfalz
Der Bezirk unterhält kein Bezirksbüro.
info@amnesty.de

PLZ-Bereich 7....

Bezirk Stuttgart-Nordwürttemberg
www.amnesty-stuttgart.de
Lazarettstr. 8, 70182 Stuttgart
Tel.: 0711/23 36 53
Fax: 0711/236 97 60
info@amnesty-stuttgart.de

Bezirk Tübingen
www.ai-tuebingen.de
Wilhelmstr. 105, 72074 Tübingen
Tel.: 07071/795 66 17
info@ai-tuebingen.de

Bezirk Karlsruhe
www.amnesty-karlsruhe.de
Waldstr. 24-28, 76133 Karlsruhe
Tel: 0721/95 78 83 38
information@amnesty-karlsruhe.de

Bezirk Südbaden
www.amnesty-suedbaden.de
Basler Str. 20, 79100 Freiburg
Tel.: 0761/7 52 15
Fax: 0761/7 52 81
info@amnesty-suedbaden.de

Bezirk Bodensee
www.amnesty-konstanz.de
www.amnesty-bodensee.de
Der Bezirk unterhält kein Bezirksbüro.
info@amnesty-bodensee.de

PLZ-Bereich 8....

Bezirk München und Oberbayern
www.amnesty-muenchen.de
Volkartstr. 76, 80636 München
Tel.: 089/16 54 12
Fax: 089/16 54 04
kontakt@amnesty-muenchen.de

Bezirk Augsburg
www.amnesty-augsburg.de
Weiße Gasse 3, 86150 Augsburg
info@amnesty-augsburg.de

Bezirk Ulm
www.amnesty-ulm.de
Ensingerstr. 21, 89073 Ulm
Tel.: 0731/636 32
kontakt@amnesty-ulm.de

PLZ-Bereich 9....

Bezirk Mittel- und Oberfranken
www.amnesty-mittel-oberfranken.de
Postfach 1037, 90001 Nürnberg
kontakt@amnesty-mittel-oberfranken.de

Bezirk Oberpfalz
www.amnesty-oberpfalz.de
Postfach 100134, 93001 Regensburg
mail@amnesty-oberpfalz.de

Bezirk Passau-Ostbayern
www.amnesty-passau.de
Gruppe Passau (1387), Kühberg 5c
94032 Passau, Tel.: 0851/367 76
info@amnesty-passau.de

Bezirk Würzburg
www.amnesty-wuerzburg.de
Friedensstr. 3, 97072 Würzburg
Tel./Fax: 0931/88 69 27
info@amnesty-wuerzburg.de

Sekretariate von Amnesty International

Sekretariate der Deutschen Sektion

Hauptsitz
Zinnowitzer Str. 8, 10115 Berlin
Tel.: 030/42 02 48-0
Fax: 030/42 02 48-488
info@amnesty.de
www.amnesty.de

Regionalbüro Ost
Greifswalder Str. 4, 10405 Berlin
Tel.: 030/42 02 48-0 Fax: 030/42 02 48-488
info@amnesty.de, www.amnesty.de

Regionalbüro Süd
Volkartstr. 76, 80636 München
Tel.: 030/42 02 48-0
Fax: 030/42 02 48-488
info@amnesty.de
www.amnesty.de

Regionalbüro West
Grafenberger Allee 56, 40237 Düsseldorf
Tel.: 030/42 02 48-0 Fax: 030/42 02 48-488
info@amnesty.de
www.amnesty.de

Regionalbüro Nord
Kleine Seilestr. 1, 20359 Hamburg
Tel.: 030/42 02 48-0, Fax: 030/42 02 48-488
info@amnesty.de, www.amnesty.de

Regionalbüro Südwest
Waldstr. 24 - 28, 76133 Karlsruhe
Tel.: 030/42 02 48-0, Fax: 030/42 02 48-488
info@amnesty.de, www.amnesty.de

Amnesty International Schweizer Sektion

Speichergasse 33, 3011 Bern
Postanschrift:
Amnesty International, Postfach, 3001 Bern
Tel.: 0041/31/307 22 22
Fax: 0041/31/307 22 33
info@amnesty.ch
www.amnesty.ch

Amnesty International Österreichische Sektion

Lerchenfelder Gürtel 43/4/3, 1160 Wien
Tel.: 0043/1/7 80 08
Fax: 0043/1/7 80 08-44
office@amnesty.at
www.amnesty.at

Sekretariat der Sektion Luxemburg

23, Rue des Etats-Unis, 1019 Luxembourg,
Tel.: 0035/2/48 16 87
Fax: 0035/2/48 36 80
info@amnesty.lu
www.amnesty.lu

Amnesty International Internationales Sekretariat

Peter Benenson House
1 Easton Street, London WC1X ODW
Großbritannien
Tel.: 0044/207/413 55 00
Fax: 0044/207/956 11 57
contactus@amnesty.org
www.amnesty.org

Adressen von Friedens- und Menschenrechtsgruppen (Auswahl)

Deutschland

Aktion der Christen für die Abschaffung der Folter e.V.
Postfach 11 14
59331 Lüdinghausen
Tel.: 0 25 91/75 33
Fax: 0 25 91/7 05 27
acat.eV@t-online.de
www.acat-deutschland.de

Aktion Sühnezeichen Friedensdienste e.V.
Auguststr. 80
10117 Berlin
Tel.: 0 30/2 83 95-1 84
Fax: 0 30/2 83 95-1 35
asf@asf-ev.de
www.asf-ev.de

Ärzte ohne Grenzen
Am Köllnischen Park 1
10179 Berlin
Tel.: 0 30/700 13 00
Fax: 0 30/700 13 03 40
office@berlin.msf.org
www.aerzte-ohne-grenzen.de

Attac
Münchener Str. 48
60329 Frankfurt am Main
Tel.: 0 69/90 02 81-10
Fax: 0 69/90 02 81-99
info@attac.de
www.attac.de

Der Hohe Flüchtlingskommissar der UN (UNHCR)
Wallstr. 9-13
10179 Berlin
Tel.: 0 30/20 22 02-0
Fax: 0 30/20 22 02-20
gfrbe@unhcr.org
www.unhcr.de

Deutsche Gesellschaft für die Vereinten Nationen e.V.
Zimmerstr. 26/27
10969 Berlin
Tel.: 0 30/25 93 75-0
Fax: 0 30/25 93 75-29
info@dgvn.de
www.dgvn.de

Deutsche UNESCO-Kommission e.V.
Colmantstr. 15
53115 Bonn
Tel.: 02 28/6 04 97-0
Fax: 02 28/6 04 97-30
info-bibliothek@unesco.de
www.unesco.de

Deutsches Helsinki Komitee für Menschenrechte, Sicherheit und Zusammenarbeit in Europa
c/o Bundestag
Platz der Republik 1
11011 Berlin
Tel.: 0 30/2 27-7 36 44
Fax: 0 30/2 27-7 63 19
brigitte.schulte@bundestag.de
www.ihf-hr.org

Deutsches Institut für Menschenrechte
Zimmerstr. 26/27
10969 Berlin
Tel.: 0 30/25 93 59-0
Fax: 0 30/25 93 59-59
info@institut-fuer-menschen rechte.de
www.institut-fuer-menschen rechte.de

FIAN-Deutschland e.V., Food First Informations- & Aktions-Netzwerk
Briedeler St. 13
50969 Köln
Tel.: 02 21/7 02 00 72
Fax: 02 21/7 02 00 32
fian@fian.de
www.fian.de

Gesellschaft für bedrohte Völker
Postfach 2024
37010 Göttingen
Tel.: 05 51/4 99 06-0
Fax: 05 51/5 80 28
info@gfbv.de, www.gfbv.de

Human Rights Watch
Poststr. 4/5
10178 Berlin
Tel.: 0 30/25 93 06-00
Fax: 0 30/25 93 06-29
berlin@hrw.org
www.hrw.org

Initiative Kirche von unten
Oscar-Romero-Haus
Heerstr. 205
53111 Bonn
Tel.: 02 28/69 21 65
Fax: 02 28/63 12 26
info@ikvu.de
www.ikvu.de

IPPNW – Internationale Ärzte für die Verhütung des Atomkrieges, Ärzte in sozialer Verantwortung e.V.
Körtestr. 10
10967 Berlin
Tel.: 0 30/69 80 74-0
Fax: 0 30/6 93 81 66
kontakt@ippnw.de
www.ippnw.de

medico international e.V.
Burgstr. 106
60389 Frankfurt am Main
Tel.: 0 69/9 44 38-0
Fax: 0 69/43 60 02
info@medico.de
www.medico.de

Pax Christi Bewegung
Hedwigskirchgasse 3
10117 Berlin
Tel.: 0 30/ 2 00 76 78-0
Fax: 0 30/ 2 00 76 78-19
sekretariat@paxchristi.de
www.paxchristi.de

Peace Brigades International (pbi) – Deutscher Zweig e.V.
Harkortstr. 121
22765 Hamburg
Tel.: 0 40/38 90 43 70
Fax: 0 40/3 89 04 37 29
info@pbi-deutschland
www.pbideutschland.de

Pro Asyl e.V.
Postfach 16 06 24
60069 Frankfurt am Main
Tel.: 0 69/23 06-88
Fax: 0 69/23 06-50
proasyl@proasyl.de
www.proasyl.de

Refugio München, Beratungs- und Behandlungszentrum für Flüchtlinge und Folteropfer
Mariahilfplatz 10
81541 München
Tel.: 0 89/98 29 57-0
Fax: 0 89/98 29 57-57
info@refugio-muenchen.de
www.refugio-muenchen.de

Reporter ohne Grenzen e.V.
Brückenstr. 4
10179 Berlin
Tel.: 0 30/2 02 15 10-9
Fax: 0 30/2 02 15 10-29
kontakt@reporter-ohne-grenzen.de, www.reporter-ohne-grenzen.de

terre des femmes
Konrad-Adenauer-Str. 40
72072 Tübingen
Tel.: 0 70 71/79 73-0
Fax: 0 70 71/79 73-22
info@frauenrechte.de
www.terre-des-femmes.de

terre des hommes Deutschland e.V., Hilfe für Kinder in Not
Ruppenkampstr. 11 a
49084 Osnabrück
Tel.: 05 41/71 01-0
Fax: 05 41/70 72 33
info@tdh.de, www.tdh.de

Transparency International
Alte Schönhauser Str. 44
10119 Berlin
Tel.: 0 30/54 98 98-0
Fax: 0 30/54 98 98-22
office@transparency.de
www.transparency.de

UNICEF Deutschland
Höninger Weg 104
50969 Köln
Tel.: 02 21/9 36 50-0
Fax: 02 21/9 36 50-2 79
mail@unicef.de
www.unicef.de

Österreich

Ärzte ohne Grenzen
Taborstr. 10, 1020 Wien
Tel.: 01/40 9 72 76
Fax: 01/40 9 72 76-40
office@aerzte-ohne-grenzen.at, www.aerzte-ohne-grenzen.at

Asylkoordination Österreich
Laudongasse 52/9
1080 Wien
Tel.: 01/5 32 12 91
Fax: 01/5 32 12 91-20
asylkoordination@asyl.at
www.asyl.at

Der Hohe Flüchtlingskommissar der UN (UNHCR)
Postfach 5 50, 1400 Wien
Tel.: 01/2 60 60 40 48
Fax: 01/2 63 41 15
ausvi@unhcr.org
www.unhcr.at

FIAN (Food First Information and Action Network), Sektion Österreich
Johann-Strauß-Gasse 33/2-3, 1040 Wien
Tel.: 01/2 35 02 39
Mobil 06 50/4 05 55 11
fian-oe@oneworld.at
www.fian.at

Gesellschaft für bedrohte Völker
Untere Viaduktgasse 53/7A, 1030 Wien
Tel.: 01/5 03 49 90
Fax: 01/5 03 49 90 13
office@gfbv.at
www.gfbv.at

IHF – International Helsinki Federation for Human Rights
Wickenburggasse 14/7
1080 Wien
Tel.: 01/4 08 88 22
Fax: 01/4 08 88 22-50
kolb@ihf-hr.org
www.ihf-hr.org

IPPNW Austria (OMEGA), Internationale Ärzte für die Verhütung des Atomkrieges
Schulgasse 40/17, 1180 Wien, office@ippnw.at
www.ippnw.at

Pax Christi Austria
Mengerstr. 23, 4040 Linz
Tel.: 07 32/24 40 11 67
Fax: 07 32/24 40 11 72
office@paxchristi.at
www.paxchristi.at

Reporter ohne Grenzen – Österreich
Alser Str. 22/8, 1090 Wien
Tel. 01/5 81 00 11
Fax: 01/2 76 79 71
info@rog.at, www.rog.at

Transparency International, Austrian Chapter
Berggasse 7, 1090 Wien
Tel.: 01/96 07 60
Fax: 01/9 60 76 07 60
office@ti-austria.at
www.ti-austria.at

ZEBRA – Interkulturelles Beratungs- und Therapiezentrum
Pestalozzistraße 59/II
8010 Graz
Tel.: 03 16/90 80 70-0
Fax: 03 16/90 80 70-50
zebra@zebra.or.at
www.zebra.or.at

Schweiz

ACAT – Aktion der Christen für die Abschaffung der Folter
Speichergasse 29
Postfach 50 11, 3001 Bern
Tel.: 0 31/3 12 20 44
Fax: 0 31/3 12 58 11
info@acat.ch, www.acat.ch

Der Hohe Flüchtlingskommissar der UN (UNHCR)
94, Rue de Montbrillant
Case Postale 2500
1211 Genève 2 Dépot
Tel.: 0 22/7 39 85 51
hqea04@unhcr.org
www.unhcr.ch

FIAN Switzerland
c/o COTMEC
Bd du Pont-d'Arve 16
1205 Genève
fian-ch@bluewin.ch

Gesellschaft für bedrohte Völker
Wiesenstr. 77, 3014 Bern
Tel.: 0 31/3 11 90 08
Fax: 0 31/3 11 90 65
info@gfbv.ch, www.gfbv.ch

Human Rights Watch
64-66, Rue de Lausanne
1202 Genève
Tel.: 0 22/7 38 04 81
Fax: 0 22/7 38 17 91
hrwgva@hrw.org
www.hrw.org/cities/geneva/committee

Médecins Sans Frontières
78, Rue de Lausanne
PF 116, 1211 Genève 21
Tel.: 0 22/ 8 49 84 84
Fax: 0 22/ 8 49 84 88
office-gva@geneva.msf.org, www.msf.ch

medico international Schweiz
Quellenstr. 25, Postfach
1816, 8031 Zürich
Tel.: 0 44/2 73 15 55
Fax: 0 44/2 73 15 66
info@medicointernational.ch,
www.medicointernational.ch

Pax Christi Suisse
3, Ch. Cardinal Journet
1752 Villars-sur-Glâne
Tel.: 0 26/4 26 34 75
pxch@paxchristi.ch
www.paxchristi.ch

Peace Brigades International, PBI-Schweiz
Gutenbergstr. 35, 3011 Bern
Tel.: 0 31/3 72 44 44
info@peacebrigades.ch
www.peacebrigades.ch

PSR/IPPNW (International Physicians for the Prevention of Nuclear War
Klosterberg 23
4051 Basel
Tel. und Fax:
0 61/2 71 50 25
sekretariat@ippnw.ch
www.ippnw.ch

Reporter ohne Grenzen – Sektion Schweiz
Passage de la Radio 2
Case postale 46
1211 Genève 8
Tel.: 0 22/3 28 44-88
Fax: 0 22/3 28 44-89
rsf-ch@bluewin.ch
www.rsf-ch.ch

Schweizerische Flüchtlingshilfe (SFH)
Weyermannsstr. 10
Postfach 81 54
3001 Bern
Tel.: 0 31/3 70 75 75
Fax: 0 31/3 70 75 00
info@osar.ch
www.osar.ch

Schweizerische Helsinki-Vereinigung (Swiss Helsinki Committee)
Eisengasse 5
Postfach 20 40
4001 Basel
Tel.: 0 61/2 61 41 69
Fax: 0 61/2 62 15 12
info@ihf-ch.org
www.ihf-hr.org

Transparency International – Schweiz
Schanzeneckstr. 25
Postfach 85 09
3001 Bern
Tel.: 0 31/3 82 35 50
Fax: 0 31/3 82 50 44
info@transparency.ch

Deutschland (Gebühren in Euro, Stand Juli 2024)

Größe und Gewicht	Brief Inland	Brief Ausland	Büchersendung	Warensendung
Standardbrief bis 20 g minimal 140 x 90 mm maximal 235 x 125 x 5 mm Länge mind. 1,41 x Breite	0,85	1,10	-	-
Kompaktbrief bis 50 g minimal 100 x 70 mm maximal 235 x 125 x 10 mm Länge mind. 1,41 x Breite	1,00	1,70	-	-
Großbrief bis 500 g minimal 100 x 70 mm maximal 353 x 250 x 20 mm	1,60	3,70	2,25	2,25
Maxibrief bis 1000 g minimal 100 x 70 mm maximal 353 x 250 x 50 mm	2,75	7,00	2,55	2,55
Maxibrief Plus bis 2000 g Format maximal wie Päckchen	4,95	17,00	-	-
Postkarte minimal 140 x 90 mm maximal 235 x 125 mm Länge mind. 1,41 x Breite	0,70	0,95	-	-
Päckchen S bis 1000 g bis 350 x 250 x 100 mm	3,99			
Päckchen M bis 2000 g Länge + Breite + Höhe ≤ 900 mm keine Seite länger als 600 mm	4,79	EU: 11,99 weltweit 19,99	-	-
Zuschläge				
Übergabe-Einschreiben	2,65	3,50	Alle Angaben ohne Gewähr Weitere Informationen am Schalter oder unter www.deutschepost.de	
Einwurf-Einschreiben	2,35	-		

Österreich (Gebühren in Euro, Stand Juli 2024)

Sendungsart	Inland		Europa	
	Priority	Economy	Priority	Economy
Brief S (bis 235 x 162 x 5 mm, 20 g)	1,20	0,95	1,40	-
Brief M (bis 235 x 162 x 5 mm, 75 g)	1,65	1,30	2,30	1,90
Päckchen S (bis 353 x 250 x 30 mm, 2 kg)	3,30	3,00		
Päckchen M (bis 100 x 60 x 60 cm, bis 4 kg)	4,75	4,50		
Brief L (bis 353 x 250 x 30 mm, 2 kg)			8,20	6,50
Brief XL (bis 100 x 60 x 60 cm, bis 4 kg)			12,90	9,90

	Außereuropäische Länder	
	Priority	Economy
Brief S (bis 235 x 162 x 5 mm, 20 g)	2,10	-
Brief M (bis 235 x 162 x 5 mm, 75 g)	2,90	2,70
Brief L (bis 353 x 250 x 30 mm, 2 kg)	15,00	11,00
Brief XL (L + B + H max. 90 cm, 2 kg, L max 50 cm)	24,20	21,80

Alle Angaben ohne Gewähr
Weitere Informationen
unter www.post.at.

Schweiz (Gebühren in sFr, Stand Juli 2024)

Für den Preis entscheidend ist vor allem die gewünschte Beförderungsgeschwindigkeit: A-Post-Sendungen werden in der Regel am folgenden Werktag zugestellt, auch am Samstag. B-Post ist nach zwei bis drei Tagen beim Empfänger, nicht jedoch am Samstag. Weitere Informationen am Schalter oder unter www.post.ch

Sendungsart			Inland	
			A-Post	B-Post
Brief (bis B5 x **20 mm**)	bis	100 g	1,20	1,00
(bis B5 x **50 mm**)	bis	100 g	3,20	3,00
Midibrief (bis B5 x **20 mm**)	bis	500 g	1,70	1,40
(bis B5 x **50 mm**)	bis	500 g	3,70	3,40
Großbrief (bis B4 x 20 mm)	bis	1000 g	2,50	2,00

Sendungsart			Europa	Übrige Länder
Brief				
maximal	bis	20 g	1,90	2,50
25 x 17,6	bis	50 g	3,10	4,20
	bis	100 g	4,30	6,00
Großbrief				
	bis	250 g	7,50	9,50
maximal	bis	500 g	12,00	16,00
35,3 x 25	bis	1000 g	19,00	28,00
x 2 cm	bis	2000 g	26,00	35,00

A

B

MN

QR

S

VW

XYZ

Notizen

Notizen

Notizen

Notizen

Notizen

Notizen

Notizen

Notizen

Stundenplan

Zeit	Montag	Dienstag	Mittwoch	Donnerstag	Freitag	Samstag

Stundenplan

Zeit	Montag	Dienstag	Mittwoch	Donnerstag	Freitag	Samstag

be Nutzerinnen und Nutzer dieses Kalenders,

freuen uns, wenn Ihnen unser diesjähriger lender gefällt und für Sie ein hilfreicher Beleiter durch das Jahr ist. Ein entsprechender Nachfolger soll auch im nächsten Jahr wieder zur Verfügung stehen.

Von jeder Buchhandlung im deutschsprachigen Raum können Sie den Amnesty-Kalender – wenn er nicht vorrätig sein sollte – in der Regel bis zum nächsten Vormittag geliefert bekommen. Bitte sprechen Sie Ihren Buchhändler darauf an. Auf diese Weise helfen Sie uns auch, unseren Kalender bundesweit stärker bekannt zu machen.

Die ISBN-Nummer des Amnesty-Kalenders 2026 lautet: 978-3-86026-328-0.

Sie können den Taschenkalender auch formlos über eine Mail an versand@amnesty.de bestellen.

Mitglieder können den Taschenkalender über den Materialversand im Intranet (https://intranet.amnesty.de/) unter Materialien > Taschenkalender bestellen.

Danke im Voraus

Der letzte Schmierzettel